Hartmut Kasten

Einzelkinder

Aufwachsen ohne Geschwister

Springer-Verlag
Berlin Heidelberg New York
London Paris Tokyo
Hong Kong Barcelona
Budapest

Mit 22 Abbildungen, davon 6 in Farbe

ISBN 3-540-59020-X
Springer-Verlag Berlin Heidelberg New York

© Springer-Verlag Berlin Heidelberg 1995
Printed in Germany

Redaktion: Ilse Wittig, Heidelberg
Umschlaggestaltung: Bayerl & Ost, Frankfurt
unter Verwendung einer Illustration von Japack/Bavaria
Innengestaltung: Andreas Gösling, Bärbel Wehner, Heidelberg
Herstellung: Sieglinde Jeggle, Heidelberg
Satz: Datenkonvertierung durch Springer-Verlag
Druck: Druckhaus Beltz, Hemsbach
Bindearbeiten: J. Schäffer GmbH & Co. KG, Grünstadt
67/3130 – 5 4 3 2 1 0 – Gedruckt auf säurefreiem Papier

Für Lisa – die mich auf das Thema »Einzelkinder« brachte und es duldete, daß in diesem Buch Fotos mit Schnappschüssen aus ihrer Kindheit verwendet wurden.

Inhaltsverzeichnis

1 Aufwachsen ohne Geschwister

Das vorliegende Buch sollte ursprünglich nur den Titel »Einzelkinder« erhalten. Da jedoch bis heute immer noch sehr viele Vorurteile und überwiegend negativ getönte Erwartungen mit dem Begriff »Einzelkinder« verknüpft werden, entschloß sich der Autor schon frühzeitig zur zusätzlichen Verwendung des Untertitels »Aufwachsen ohne Geschwister«.

Mit dem Wortteil »einzel(n)« werden im alltäglichen Sprachgebrauch fast regelmäßig Bedeutungen wie vereinzelt, einsam, Einzelgänger usw. verknüpft. Wörter mit gegensätzlicher Bedeutung sind z. B. mehrere, gesellig, Gruppe usw. Bereits auf der sprachlichen (Wortbedeutungs-) Ebene werden auf diese Weise spezielle Bedeutungsinhalte für den Begriff »Einzelkinder« in den Vordergrund gerückt.

Im folgenden Text wird zumeist die Bezeichnung »Kinder ohne Geschwister« verwendet *und* – aus sprachlich-stilistischen Gründen und ohne damit eine andere Wortbedeutung zu unterstellen – *daneben auch* auf die Begriffe »geschwisterlose Kinder« und »Einzelkinder« zurückgegriffen.

Eine Kinderbefragung

Eine von der Zeitschrift *Eltern* im Jahr 1987 durchgeführte Befragung von Kindern ohne und mit Geschwistern verdeutlicht die nach wie vor bestehende Existenz von Vorurteilen: Nach Meinung der meisten befragten Kinder, denen die Frage gestellt wurde: »Hat man es als Einzelkind oder mit Geschwistern besser?«, gehören Geschwister einfach mit zum Leben. Von 2000 befragten Jungen und Mädchen im Alter von 8 bis 14 Jahren schätzten 86 % ein Leben mit Geschwistern als angenehmer und schöner ein und nur 5 % ein Leben ohne Geschwister. Die restlichen 9 % hielten die Vor- und Nachteile für ausgeglichen. Erstaunlicherweise schätzte auch die Mehrheit der Einzelkinder ihre Lage im Vergleich zu Kindern mit Geschwistern eher negativ ein, was sich z. B. in den folgenden Aussagen widerspiegelt:

>»Ich bin ein Einzelkind. Den ganzen Tag sind die Eltern um mich rum. Sie haben ja nur mich. Sie gucken dauernd, was ich mache. Auch muß ich dauernd ihre Streicheleien aushalten.« (Friederike, 11 Jahre)
>
>»Ich bin ein Single. Das ist eine total einsame Sache. Wenn ich mal was anstellen will, fehlt mir immer der zweite Mann. Wenn ich was Verrücktes gemacht habe, habe ich nie einen Bundesgenossen, der mir hilft. Man ist immer allein den Eltern ausgeliefert.« (Paul, 13 Jahre)
>
>»Meine Oma war zu Hause das elfte Kind. Meine Mutter war das sechste und ich bin Einzelkind. Hier sieht man, wie die Menschheit ausstirbt, weil sie vielleicht gar kein Kind mehr haben will.« (Charlotte, 11 Jahre)

»Ich habe mir immer einen größeren Bruder gewünscht. Das ist doch das Beste, was man als Mädchen haben kann. Nun aber habe ich draußen niemand, der mich beschützt.« (Nicole, 9 Jahre)

»Ohne Hund wär’ ich ein verdammtes Einzelschwein.« (Alexander, 12 Jahre)

»Leider bin ich Einzelkind. Ich kann meinem Vater aber nicht sagen: Nun mal los! Noch ein Kind her.« (Uwe, 12 Jahre)

Jedoch beurteilte auch eine ganze Reihe von Einzelkindern ihre Situation als positiv und verwies auf Vorteile des Keine-Geschwister-Habens:

»Ich habe keine Geschwister. Das ist ganz schön, weil ich dann nicht neidisch werden kann. Ein Einzelkind ist immer zufrieden, weil ihm alles allein gehört, sogar die Eltern.« (Alice, 10 Jahre)

»Ich bin lieber allein als mit Geschwistern. Ich kann die Musik ganz laut einstellen. Dadurch störe ich ja nur meine Eltern, und die halten alles aus.« (Christiane, 12 Jahre)

»Ich bin ein Einzelkind. Weihnachten ist das gut, weil ich bestimmt mehr Geschenke bekomme, als wenn bei uns noch mehr Kinder rumliefen.« (Peter, 11 Jahre)

»Ein Einzelkind hat es besser. Es fällt nicht so auf. Zum Beispiel beim Fernsehen, da kann man sich abends etwas still halten, und die Eltern merken gar nicht, wenn man noch auf ist und zuschaut. Wären aber viele Kinder da, dann wäre das ja wie ein Kindergarten, und die Eltern sprächen schnell ein Machtwort, daß man ins Bett muß.« (Heinz, 9 Jahre)

Gelegentlich schätzten auch Kinder mit Geschwistern das Leben ohne Geschwister positiv ein:

»Einzelkinder haben es besser, weil sie nicht die Kleider von ihren älteren Geschwistern tragen müssen, wie ich das immer tun muß.« (Hans-Ludwig, 13 Jahre)

Nicht ganz von der Hand gewiesen werden kann die Vermutung, daß die Art der Fragestellung dazu beigetragen hat, daß die Kinder geradezu ermuntert wurden, gängige Klischees und bestehende Vorurteile zu wiederholen. Den Kindern wurde die *unpersönliche Frage* »Hat *man* es als Einzelkind oder mit Geschwistern besser?« gestellt, wodurch sie natürlich nicht gerade ermuntert

Abb. 1. Einzelkinder erfahren die elterliche Aufmerksamkeit ungeteilt.

wurden, über eigene persönliche Erfahrungen zu berichten, sondern eher geneigt waren, von außen an sie herangetragenes, vorurteilhaft gefärbtes Pseudowissen wiederzugeben.

In einer kleinen, an 48 Einzel- und Geschwisterkindern im Alter von 12 bis 13 Jahren durchgeführten Befragung bemühte sich Marion Rollin darum, die persönlichen Erfahrungen der Kinder direkt zu erfassen. Die Kinder wurden lediglich aufgefordert niederzuschreiben, was ihnen spontan im Hinblick auf die Vor- und Nachteile ihrer eigenen Lebenssituation jeweils einfiel. Bei der Betrachtung der erhaltenen Antworten (vgl. Rollin 1990, S. 51 ff.) sticht ins Auge, daß von Geschwisterkindern oftmals überhaupt keine Vorteile notiert wurden. Von *Einzelkindern* werden unter anderem folgende *Vorteile* aufgezählt:

»Ich habe mehr Geschenke und Taschengeld.«

»Man wird mehr verwöhnt. Wenn ich Geschwister hätte, würde ich nie soviel Geld und Verständnis kriegen. Ich habe ein Pflegepony, und wenn ich eine Schwester hätte, die auch gern mein Pony pflegen möchte, müßten wir es uns teilen. Wenn ich Süßigkeiten kaufen würde, müßte ich auch etwas abgeben. Selbst wenn ich sie gekauft hätte. Allein kann ich alles für mich behalten.«

»Es gibt nicht soviel Streit. Geschwister sind nervig.«

»Ich habe ein Kaninchen. Ich möchte eigentlich gar keine Geschwister haben. Dann müßte ich alles teilen. Und wenn ich älter bin, wird es immer vorgezogen. Man ist auch beweglicher zu dritt; man hat auch insgesamt mehr Geld und Freizeit zur Verfügung.«

»Ich muß mein Zimmer mit keinem teilen.«

»Wenn man Geschwister hat, kann man nicht alles machen, was man gerne machen möchte.«
»Ich bekomme mehr Geschenke und muß auf keinen aufpassen.«

An *Nachteilen* werden von *Einzelkindern* unter anderem angeführt:

»Es ist nicht soviel Schwung in der Familie.«
»Am Wochenende, wenn mir langweilig ist und keine Freundin Zeit hat, würde ich mir ab und zu ein Geschwisterchen wünschen.«
»Ich habe zwei Freunde, die beide Geschwister haben und sich sehr oft streiten. Wenn ich Geschwister hätte, dann am liebsten gleichaltrige, dann ist die Wahrscheinlichkeit nicht so groß, daß einer von den Eltern bevorzugt wird.«
»Wenn meine Freundinnen mal nicht können, langweile ich mich. Ich hätte gern einen älteren Bruder, aber nicht älter als 15.«
»Ich habe manchmal Langeweile.«
»Man kann sich nicht prügeln, und man langweilt sich öfter.«
»Manchmal habe ich keinen zum Spielen.«

Von *Geschwisterkindern* werden u. a. folgende *Vorteile* ihrer Lebenssituation erwähnt:

»Wenn ich etwas kaputt mache, schiebe ich die Schuld auf meine Schwester. Wenn es dann nicht klappt, schiebe ich die Schuld auf meinen Bruder.«
»Wir können zusammen bolzen und Hockey spielen.«
» Man hat Gesellschaft mit Geschwistern.«

6

»Wenn meine Schwester oder mein Bruder nicht da ist, dann kann man mit den anderen spielen.« (Kind mit drei weiteren Geschwistern)

»Daß man sie verprügeln kann.«

»Man hat jemanden, mit dem man reden kann, wenn man nicht mit der Mutter sprechen will.«

»Man hat Spielkameraden. Man kann sich kloppen. Wenn man älter ist, kann man sich bei Schwierigkeiten helfen.«

»Daß ich Kohle kriege, und die mir alle was schenken.« (Kind mit sieben älteren Geschwistern)

»Keine, außer daß ich mit ihnen Hausaufgaben machen kann.«

»Wenn wir mit unserem Boot wegfahren, kann ich mit ihr spielen. Und wenn aus meiner Klasse keiner Zeit zum Spielen hat, spiele ich mit Heikes Freundinnen.«

»Man ist immer in Gesellschaft. Als Einzelkind müßte man immer einkaufen gehen, aber da ich nun Geschwister habe, wechseln wir uns ab. Auch wenn ich mal Süßigkeiten stibitze und es aber nicht zugebe, wissen meine Eltern nicht, wer es nun war. Das ist zwar gemein, aber das tun alle. Da ich auch die Jüngste bin, werde ich manchmal bevorzugt.«

»Ich helfe meinem Bruder bei den Hausaufgaben, und dabei lerne ich auch etwas.«

»Man wird nicht so doll verwöhnt. Außerdem sind Einzelkinder meistens so arrogant und eingebildet.«

»Man hat Spielkameraden innerhalb der Familie.«

»Man kann sich über sie ärgern (abreagieren). Man ist nicht immer allein mit den Eltern. Es ist interessanter, weil sie z. B. schon etwas über die Lehrer der Schule wissen, wo man hinkommt.«

»Ich bekomme mehr Geld und werde als höheres Mitglied in der Familie angesehen«. (Kind mit jüngerem Bruder)

»Wenn ich mal kein Geld habe, leiht mein Bruder mir was. Oder wenn ich mal keine Zeit oder Lust habe, mein Meerschweinchen zu versorgen, macht mein Bruder es. Wenn wir mal toben und wir laut sind, bekommt er meistens den Ärger.«

An *Nachteilen* zählen *Geschwisterkinder* unter anderem folgende auf:

»Wenn ich mir einen neuen Pullover kaufen will, will sich meine Schwester auch sofort einen kaufen.«

»Wir streiten uns, wer zu Mama ins Bett darf.«

»Doof ist, daß man sich die Schokolade mit ihnen teilen muß.«

Abb. 2. Bei Einzelkindern ist der Gabentisch reich gedeckt.

»Daß wir uns immer streiten. Und daß ich eigentlich nie mal mit Mama allein sein kann.«

»Mein Bruder ist eine halbe Stunde jünger. Ich könnte auch ohne den leben. Keiner redet dann rein und ärgert einen. Ich könnte vollkommen alleine auskommen. Ich habe ja noch einen Igel, ca. 40 Fische, einige Wasserflöhe und eine bißchen blöde Nachbarskatze. Mit denen kann ich besser spielen.«

»Wenn ich mal mit Freunden zum Schwimmen gehen will, wollen die beiden mitkommen, und dann müssen die mit, und dann habe ich keine Lust mehr. Man kriegt immer die Schuld, wenn man der Älteste ist. Und man kriegt weniger Geschenke. Man kann nie in Ruhe Schularbeiten machen, ohne gestört zu werden. Man kann ohne Geschwister öfter spielen.«

»Man hat viel Ärger. Man hat kein eigenes Kinderzimmer.«

»Daß alle sich um mich Sorgen machen.«

»Sie ärgern mich.«

»Daß der ältere Bruder einem befiehlt. Außerdem wird man von ihm verprügelt. Ich würde lieber als Einzelkind leben, weil es als Einzelkind schöner ist.«

»Weniger Taschengeld, weniger Süßigkeiten, weniger Spielsachen zum Geburtstag und zu Weihnachten. Sechs Jahre war ich Einzelkind. Das fand ich viel besser und überhaupt nicht langweilig. Jetzt hat meine Mutter gar keine Zeit mehr für mich...«

»Wenn man fernsehen will, will jeder von uns was anderes, und dann gibt es Streit. Oder dann, wenn man mal was verbotenes macht, petzen die anderen.«

»Daß wir ein Zimmer haben. Wenn mein Bruder Besuch hat, kann zu mir keiner kommen.«
»Man fühlt sich oft ausgeschlossen.«
»Wenn sie früher weggehen als ich, muß ich mich an das Leben ohne sie gewöhnen.«
»Oft nervt mich mein Bruder. Abends darf ich keine Musik hören, weil er schlafen soll. Wenn wir uns streiten, kriegt er fast immer Recht.«
»Ich habe viel weniger Rechte als Einzelkinder, die ich kenne. Meine Geschwister dürfen fast das gleiche wie ich, obwohl ich die Älteste bin.«
»Ich muß mehr in der Wohnung helfen.«
»Sie nervt öfters. Wenn mein Vater uns abends was mitbringt, und es ist was Verschiedenes, dann streiten wir uns, wer was bekommt.«
»Sie kriegt sehr viel Geld.«

Eine Sichtung dieser Antworten, die von Einzelkindern und Geschwisterkindern im Hinblick auf ihre persönliche Lebenssituation formuliert wurden, macht zweierlei deutlich:

Die Vorteile des Einzelkindseins werden von diesen selbst wie von den Geschwisterkindern häufiger höher bewertet als die Nachteile.

Bei den Geschwisterkindern werden eine Reihe von gleichen bzw. weitgehend ähnlichen Nennungen einmal als Vorteil, ein anderes Mal als Nachteil eingestuft (z. B. man kann sich prügeln – man kriegt Kloppe; man muß helfen – man hilft bei den Hausaufgaben und lernt etwas dabei; man wird nicht so sehr verwöhnt – man wird weniger verwöhnt).

Marion Rollin meint, daß die Antworten der Kinder eine Reihe von Hinweisen darauf enthalten, was Einzel- und Geschwisterkinder in ihrem Leben tatsächlich unterschiedlich erfahren. Einzelkinder würden mehr Freiraum haben, ihre Individualität auszuleben, würden weder materielle Dinge noch die Zuwendung und Zeit der Eltern zu teilen brauchen, es nicht nötig haben, um Rechte und Ansprüche mit anderen zu kämpfen. Geschwisterkinder hätten einen breiteren sozialen Erfahrungsspielraum, seltener Langeweile, befänden sich häufiger jedoch auch in einer weniger günstigen finanzielle Lage und hätten häufiger überforderte Mütter, die ihre Zeit unter mehreren Sprößlingen aufteilen müßten.

Einzelkinder und Geschwisterkinder wurden zusätzlich noch gefragt, ob sie später selbst Kinder haben wollen und wenn ja, wieviel. Die – keineswegs verallgemeinerbaren – Antworten überraschen etwas. Einzelkinder wollen häufiger als Geschwisterkinder später einmal *mehr als ein* Kind (mindestens zwei) haben. Möglicherweise erklärt sich dieser Zusammenhang dadurch, daß sich die Kinder jeweils etwas für ihren eigenen Nachwuchs wünschen, was sie selbst zuweilen vermissen: Geschwisterkinder nämlich mehr materielle und elterliche Zuwendung und mehr Ruhe und Zeit für sich allein, Einzelkinder mehr Trubel und Gesellschaft um sich herum.

Vorurteile gegen Einzelkinder

Einzelkindern werden bestimmte Persönlichkeitseigenschaften zugeschrieben, die sich bei ihnen dadurch ausbilden, daß sie ohne Geschwister aufwachsen. Man betrachtet sie durchgängig als egoistisch, verzogen, verwöhnt, wehleidig, altklug, frühreif, rücksichtslos, unsozial, schlecht angepaßt, neurotizistisch, kontaktarm, introvertiert usw. – also insgesamt als typische Problemkin-

Abb. 3. »Einzelkinder sind verwöhnt, altklug und frühreif,« wird behauptet.

der mit Mängeln und Unzulänglichkeiten vor allem in sozial-zwischenmenschlicher Hinsicht.

Nicht nur unter Laien, sondern auch unter vielen Sozialwissenschaftlern wird häufig stillschweigend vorausgesetzt, daß sich das Fehlen von Geschwistern nur oder weitgehend negativ auswirkt. Demgegenüber besteht Einigkeit darüber, daß das Vorhandensein von Geschwistern sowohl positive Persönlichkeits- und Verhaltensmerkmale, z. B. die Bereitschaft zu teilen und zusammmenzuarbeiten, als auch negative Merkmale, z. B. Unselbständigkeit oder Aggressivität, hervorbringen kann.

12

Familie im Wandel

Nicht nur in Deutschland, sondern in allen Industrieländern der nördlichen Hemisphäre (und in den meisten Gesellschaften der Erde) ist bis heute die Überzeugung weit verbreitet, daß jeder gesunde Erwachsene Kinder haben sollte.

Noch zu Beginn dieses Jahrhunderts waren auch in den Industrieländern durchschnittlich 5 bis 6 Kinder pro Familie die Regel. Betrachtet man jedoch die Bevölkerungsstatistik des 20. Jahrhunderts im Überblick, so wird der Trend zur kleinen Familie in fast allen Industrienationen deutlich: In Deutschland lebten zu Beginn des ersten Weltkrieges in der Durchschnittsfamilie noch 3 bis 4 Kinder, zweieinhalb Jahrzehnte später nur noch 2 und im Jahre 1980 schließlich nur noch 1,5 Kinder. Die Bevölkerungsstatistik belegt, daß immer mehr Erwachsene kinderlos bleiben und die Zahl von Ein-Kind-Familien immer mehr zunimmt. Die Ursachen dieser bevölkerungsstatistischen Entwicklung werden kontrovers diskutiert: Der Mitte der sechziger Jahre zu verzeichnende Geburtenrückgang ist sicher in Verbindung zu bringen mit der Einführung der Antibabypille, die erstmals eine zuverlässige Familienplanung ermöglichte. Belegt ist andererseits aber, daß viele Paare auch heute noch eine Familie gründen in der Absicht, später einmal 2 oder mehr Kinder zu haben, wenngleich es dann oft doch nur bei einem Kind bleibt – gegenwärtig wachsen in der Bundesrepublik Deutschland die Hälfte aller Kinder ohne Geschwister auf.

Elterliche Wünsche verändern sich

Nicht selten stellen die jungen Eltern nach der Geburt ihres ersten Kindes fest, daß sie sich in ihrem Lebensstandard beträchtlich einschränken müßten, wenn sie noch ein zweites Kind aufziehen würden. Viele Paare fühlen sich auch in ihrer persönlichen Freiheit durch das erste Kind sehr stark eingeschränkt und wollen es nicht in Kauf nehmen, sich noch einmal für mehrere Jahre in ihren Ansprüchen bescheiden zu müssen. Zu registrieren ist darüber hinaus, daß immer mehr Frauen ihre eigene Berufslaufbahn weiterverfolgen wollen und allenfalls kurzfristig zu unterbrechen bereit sind. Sie lehnen es ab, für Haushalt, Kinderversorgung und familienbezogene Aufgaben ihre eigenen beruflichen Perspektiven aufzugeben oder entscheidend einzuschränken. Berufliche und familiale Ambitionen können mit nur einem Kind sicherlich leichter vereinbart werden. Daß viele Kinder ohne Geschwister bleiben, hängt wohl auch damit zusammen, daß sich immer mehr Paare schon nach einigen Jahren wieder trennen und damit eine weitere Familienplanung faktisch beenden. Dokumentiert ist auch – vor allem bei älteren Müttern (und Vätern) – die sogenannte »sekundäre Sterilität«: Die Eltern wünschen sich weitere Kinder, ihr Kinderwunsch bleibt jedoch (nicht selten trotz medizinischer Bemühungen) unerfüllt.

Noch immer gelten die in kulturellen und gesellschaftlichen Traditionen wurzelnde Normen und Richtlinien, die Erwachsenen vorschreiben oder zumindest nahelegen, sich Kinder anzuschaffen. Einem Verstoß gegen diese althergebrachten Wertorientierungen wird zwar nicht mit direkten Sanktionen, wohl aber mit Befremden, Verwunderung, Besorgnis oder auch mit Mißbilligung, Geringschätzung und Ablehnung begegnet.

Einzelkind-Eltern werden nicht selten gefragt, ob sie ihr Kind etwa ohne Geschwister aufwachsen lassen wollen. Kinderlose Paare meiden von sich aus den Kontakt zu Familien mit Kindern, weil sie immer wieder erleben müssen, daß sie ihre Kinderlosigkeit als einen nicht normalen Zustand rechtfertigen und begründen sollen.

Setzt man voraus, daß der Kinderwunsch biologische Wurzeln hat und genetisch verankert ist und mehrere Kinder zu haben, viele Jahrtausende lang der Normalfall und die Regel war, dann verwundert es nicht, daß auch heutzutage der Einfluß der damit verbundenen Einstellungen noch allgegenwärtig ist. Niemand kann sich diesem Einfluß entziehen, schon gar nicht, wenn einem die erdrückende Beweiskraft des Argumentes vor Augen geführt wird, daß der Fortbestand des eigenen Volkes nur dann gesichert ist, wenn pro Paar mindestens 2,2 Kinder[1] geboren werden. Daß auf der anderen Seite der Planet Erde – nicht zuletzt aufgrund der Tatsache, daß durch die Bevölkerungsexplosion in den Ländern der dritten Welt immer mehr Menschen Anspruch auf immer knapper werdende Ressourcen erheben – zunehmend häufiger von ökologischen Katastrophen heimgesucht wird, ist die Kehrseite der Medaille, die in diesem Zusammenhang in der Regel unbeachtet bleibt.

Faktum ist, daß Ohne-Geschwister-Aufwachsen im Verlauf der letzten drei Jahrzehnte in der Bundesrepublik Deutschland (einschließlich neuer Bundesländer) von der relativ seltenen Ausnahme fast zum Regelfall geworden ist.

Dies verdeutlichen die folgenden Daten: Im Verlauf der achtziger Jahre ist in der Bundesrepublik Deutschland (und auch in der DDR) die absolute Zahl der traditionellen vollständigen Familien (»Kernfamilien«) gesunken. Dieser Trend entspricht einer internationalen Entwick-

---

[1] Die 2 Zehntel nach dem Komma, die bevölkerungsstatistisches Nullwachstum garantieren, stellen in Rechnung, daß nicht jedes Individuum zur Fortpflanzung gelangt (z. B. wegen Unfruchtbarkeit, Krankheit, Homosexualität, frühzeitigem Tod usw.

Tabelle 1. Familien mit Kindern in der Bundesrepublik Deutschland.

Anzahl der Kinder	Prozentualer Anteil
1	53,5
2	35,5
3	8,7
4 und mehr	2,3

lung, die bereits in den sechziger Jahren begonnen hat und mittlerweile fast alle Industrieländer umfaßt.

Dem Statistischen Jahrbuch 1991 für das vereinte Deutschland (Hrsg.: Statistisches Bundesamt Wiesbaden) ist zu entnehmen, daß 1989 bereits 42 % der Mehrpersonenhaushalte kinderlos waren, in 29,6 % lebte ein Kind, in 20,9 % zwei Kinder, in 5,6 % drei Kinder und in nur 1,8 % der Mehrpersonenhaushalte vier und mehr Kinder. Gliedert man alle Familien mit Kindern unter 18 Jahren auf nach Anzahl der Kinder, so ergab sich für die Bundesrepublik Deutschland im Jahr 1989 das in Tabelle 1 dargestellte Bild.

In welchen Familien leben heute Kinder ohne Geschwister?

Zur Beantwortung dieser Frage sollten die Ergebnisse demogragraphischer Erhebungen einbezogen werden. Überraschenderweise stehen aber Befunde aus demographischen Untersuchungen nur in sehr begrenztem Umfang zur Verfügung. Dies hat mehrere Gründe:

Vielfältige Formen familialen Zusammenlebens

Die Formen menschlichen Zusammenlebens, die unter der Bezeichnung »Familie« zusammengefaßt werden können, sind in den letzten Jahrzehnten zunehmend vielfältiger und unübersichtlicher geworden. Einbezogen

16

werden müssen z. B. der Familienstand der beiden Eltern (ledig, verheiratet, geschieden, verwitwet), ob das Kind mit einem Elternteil/beiden Elternteilen in einer Hausgemeinschaft lebt oder nicht, ob das Kind (die Kinder) ehelich/nicht ehelich/Stief-/Adoptiv- oder Pflegekind ist, ob seine (ihre) Eltern getrennt voneinander leben und ob es (sie) selbst getrennt von einem (beiden) Elternteil(en) aufwächst (z. B. als Heim-, Internats- oder Pflegekind).

Tabelle 2. Klassifikation von Lebensformen (nach Höpflinger 1987).

Aktuelle Haushaltsform

Alleinlebend/Ein-Personen-Haushalt:
Zeitweilige oder dauerhafte »Singles«
Getrennt lebendes Ehepaar
Sekundäre »Singles«

Mit Partner, ohne Kind(er):
Nichteheliche Partnerschaft
Kinderloses Ehepaar, Vor-Kinder- oder Nach-Kinder-Phase
Sekundäre nichteheliche Partnerschaft

Mit Kind bzw. Kindern, aber ohne Partner:
Alleinerziehende Mutter (nach unehelicher Geburt)
Getrennt lebende Mutter bzw. getrennt lebender Vater
Alleinerzieher/in nach Scheidung oder Verwitwung

Mit Partner und Kind(ern):
Nichteheliche Lebensgemeinschaft
»Klassische« Kernfamilie
Sekundäre nichteheliche Partnerschaft

Mehr-Erwachsenen-Haushalt ohne Kinder:
Wohngemeinschaft, Kommune
Großfamilie/Mehr-Generationen-Haushalt

Institutioneller Haushalt:
Erziehungsheim, Internat, Kloster usw.
Gefängnis, Bundeswehr usw.
Altersheim, Krankenhaus usw.

Neben dem »Normalfall« – Eltern verheiratet, Kind ehelich geboren, Kind leibliches Kind beider Eltern, Kind lebt im gemeinsamten Haushalt beider Eltern – lassen sich noch mindestens 20 weitere Kindschaftsverhältnisse unterschieden, die umgangssprachlich z. B. mit Begriffen wie Einelternkind, Scheidungswaise, Adoptiv-, Pflege- und Stiefkind, fremdbetreutes Kind, Kind in Lebensgemeinschaft usw. bezeichnet werden.

Tabelle 2 wurde von Höpflinger vorgeschlagen, um familiale und familienähnliche Lebensformen zu klassifizieren. Unter Bezugnahme auf die aktuelle Haushaltsform werden Ausdifferenzierungen für die »Familienstände« ledig, verheiratet, geschieden/verwitwet vorgenommen.

Schwierigkeiten bei der Bestimmung des Begriffs »Familie«

Nicht nur die theoretische Bestimmung des Begriffs »Familie« bereitet Schwierigkeiten – Familie kann beispielsweise als Haushaltsfamilie, als Mehrgenerationenfamilie, als Kernfamilie oder als bestimmtes (mehr oder weniger eng definiertes) Netz von verwandtschaftlichen oder anderen engen, zwischenmenschlichen Beziehungen bestimmt werden –, auch ihre methodische Erfassung stellt die Bevölkerungswissenschaftler vor Probleme. Die vom Familien- oder Haushalts»vorstand« erhaltenen Angaben müssen sich z. B. nicht decken mit den Informationen, die von anderen Familienmitgliedern zu erhalten sind – auf die aber in der Regel aus ökonomischen Gründen ganz verzichtet wird.

Desinteresse der Familienpolitik

An einer genaueren Erfassung der konkreten Lebensverhältnisse speziell von Ein-Kind-Familien besteht bis in die jüngste Zeit hinein nur geringes Forschungsinteresse. Familienpolitiker wendeten sich in der Vergangenheit zwar hin und wieder an Sozialwissenschaftler, um mehr über die Hintergründe sinkender Geburtenquoten und zunehmender Geschwisterlosigkeit in Erfahrung zu bringen, grundlegende Erhebungen zur genaueren Erfassung der gegenwärtigen Lebenssituation speziell von kleineren Familien wurden im deutschsprachigen Raum jedoch so gut wie noch gar nicht durchgeführt.

Was sind »Kinder ohne Geschwister«?

Die auf den ersten Blick eindeutig und wertneutral erscheinende Bezeichnung »Kinder ohne Geschwister« entpuppt sich auf den zweiten Blick als ungenau und präzisierungsbedürftig: Auch alle erstgeborenen Kinder sind zunächst, solange noch kein weiteres Geschwister geboren wird, »Kinder ohne Geschwister«. Wenn ein weiteres Geschwister geboren wird, die Eltern haben sich aber bereits wieder getrennt, und das erstgeborene Kind bleibt bei einem anderen Elternteil als das Zweitgeborene, handelt es sich dann bei ihm um ein »Kind ohne Geschwister«? Derartige Uneindeutigkeiten und Komplikationen lassen sich letztlich nur durch – teilweise relativ willkürliche – Festlegungen beseitigen.

»Einzelkinder« wurden in den Sozialwissenschaften traditionell bestimmt als Kinder, die eine bestimmte Zeitdauer in einer Familie ohne weitere/s Geschwister gelebt haben (in der Regel wurde eine Zeitdauer von mindestens 6 Jahren zugrundegelegt). So werden beispielsweise auch »Nachkömmlinge«, die geboren werden, wenn die wesentlich älteren Geschwister bereits das Elternhaus verlassen haben, in der sozialwissenschaftlichen Statistik den Einzelkindern zugerechnet.

Welche Fragen werden in diesem Buch behandelt?

Die in den vergangenen Jahren im deutschsprachigen Raum erschienenen Bücher über Einzelkinder haben sich vor allem darum bemüht, zum Abbau der immer noch existierenden Vorurteile bezogen auf Einzelkinder beizutragen. Das ist auch ein Hauptanliegen des vorliegenden Buches. Darüber hinaus werden die Ergebnisse einer umfassenden Analyse des gegenwärtigen Forschungsstandes und die Auswertung einer Repräsentativerhebung des Deutschen Jugendinstitutes vorgelegt.

Auf der Grundlage dieses Materials werden in den folgenden Kapiteln u.a. die folgenden Fragen beantwortet:

Warum werden bei uns immer weniger Kinder geboren, und in welchen Familienverhältnissen wachsen sie auf?

Unterscheiden sich Kinder ohne Geschwister von Kindern, die mit Geschwistern aufwachsen?

Wie unterscheiden sich unsere Einzelkinder von den geschwisterlosen Kindern vergangener Jahre und von Einzelkindern, die in anderen Ländern (z. B. der Volksrepublik China) heranwachsen?

2 Die Lebenswelt von Kindern ohne Geschwister

Im folgenden Kapitel werden, unter Einbezug aktueller Forschungsergebnisse, die Verhältnisse beschrieben, in denen Kinder, die keine Geschwister haben, in der Bundesrepublik Deutschland gegenwärtig aufwachsen. Im Verlaufe dieser Beschreibung werden eine Reihe wichtiger Merkmale der Lebenssituation von geschwisterlosen Kindern (Struktur der Familie, Eltern, Schullaufbahn und Bildungsweg des Kindes, Bezugspersonen und Betreuungsumwelt, Wohnung und ökologisches Umfeld, besondere Ereignisse im Lebenslauf usw.) aufgegriffen und mit entsprechenden Merkmalen der Lebenssituation von Kindern mit Geschwistern verglichen.

Die Familie

Durchaus widersprüchlich sind die bis in die jüngste Zeit hinein veröffentlichten Befunde über die Familienverhältnisse von Kindern ohne Geschwistern.

In Tabelle 3 werden die in der Fachliteratur anzutreffenden, teilweise sehr widersprüchlichen Angaben einander gegenübergestellt:

Tabelle 3. Gegenüberstellung widersprüchlicher Forschungsbefunde.

Einzelkinder leben häufiger in finanziell gutsituierten Obere-Mittelschicht- bzw. Oberschichtfamilien –

Einzelkinder kommen häufiger aus zerrütteten familialen Verhältnissen, aus »broken homes«, haben Eltern, die getrennt voneinander leben oder mit individuellen oder Partnerschafts-Problemen belastet sind.

Einzelkinder haben häufiger als Geschwisterkinder Eltern mit überdurchschnittlicher Schulbildung und beruflicher Qualifikation –

Einzelkinder wachsen häufiger mit Eltern (bzw. einem Elternteil) auf, die keine abgeschlossene Schulausbildung und/oder eine unterdurchschnittliche berufliche Qualifikation besitzen.

Geschwisterlose Kinder werden häufiger als Geschwisterkinder partnerschaftlich und nicht autoritär und nicht direktiv erzogen –

Geschwisterlose Kinder leiden häufig unter einer kontrollierenden, überbehütenden, übermäßig verwöhnenden Erziehung von Seiten der Eltern.

Einzelkinder haben genauso regelmäßig wie Geschwisterkinder Kontakt zu anderen Kindern in ihrem sozialen Umfeld –

Im Unterschied zu Geschwisterkindern verfügen Einzelkinder seltener über regelmäßige soziale Kontakte zu anderen Kindern (einem anderen Kind).

Einzelkinder haben häufig eine physisch belastbarere Mutter–

Einzelkinder haben häufiger als Geschwisterkinder eine physisch weniger belastbare Mutter.

Einzelkinder leben häufiger in einer Familie, in der die Mutter nicht bzw. nur teilzeit berufstätig ist –

Einzelkinder leben häufiger als Geschwisterkinder mit Eltern, die beide berufstätig sind.

In Ein-Kind-Familien befassen sich die Eltern häufiger und intensiver mit ihren Kindern –

Tabelle 3. Fortsetzung.

In Mehr-Kind-Familien befassen sich die Eltern häufiger und intensiver mit ihren Kindern.

Einzelkinder sind sozialer eingestellt als Geschwisterkinder und interessierter daran, individuelle und gruppenbezogene soziale Kontakte aufzubauen und aufrechtzuerhalten –

Geschwisterlose Kinder verbringen mehr Zeit allein und mit musischen Aktivitäten, Geschwisterkinder verbringen mehr Zeit mit sozialen und gruppenbezogenen, praktischen Beschäftigungen.

Einzelkinder verfügen häufiger als Nicht-Einzelkinder über eine positive, qualitativ hochwertige Elternbeziehung –

Einzelkinder leben häufiger in belasteten Beziehungen zu ihren Eltern.

Geschwisterlose Kinder wachsen genauso häufig wie Kinder mit Geschwistern in Ein-Eltern-Familien auf –

Kinder ohne Geschwister wachsen häufiger als Geschwisterkinder in Ein-Eltern-Familien auf.

Einzelkinder wachsen in sehr unterschiedlichen Familienverhältnissen auf

Die widersprüchlichen Ergebnisse der verschiedenen Autoren lassen sich weitgehend durch meine eigenen Untersuchungsergebnisse beseitigen. Geleitet von der zentralen Frage nach den Besonderheiten der Ein-Kind-Familie wurden die unter Federführung des Deutschen Jugendinstituts (DJI) erhobenen Daten[1] erneut ausgewertet und dabei folgende Ergebnisse erhalten:

---

[1] Die DJI-Daten wurden auf der Grundlage von drei Erhebungen gewonnen: 1988 wurden 10043 Personen zwischen 18 und 55 Jahren befragt, 1989 zusätzlich 2000 weibliche Personen in Bayern, 1990 weitere 2000 Personen in den neuen Bundesländern.

23

Tabelle 4. Familienstand der Eltern von Einzelkindern und Geschwisterkindern (Prozentangaben).

	Verheiratet	Geschieden	Verwitwet	Ledig
Einzelkinder	82,6 %	9,6 %	1,9 %	5,9 %
Kinder mit 1 Geschwister	89,7 %	6,5 %	2,6 %	1,2 %
Kinder mit 2 und mehr Geschwistern	88,7 %	7,1 %	3,7 %	0,5 %

Datengrundlage: Erhebung des Deutschen Jugendinstituts von 1988 (N=10.043)

▨ Kinder ohne Geschwister leben am häufigsten in sogenannten Kernfamilien, d.h. zusammen mit Vater und Mutter in einem Haushalt. In diesem Punkt unterscheiden sie sich nicht von Kindern mit Geschwistern.

▨ Im Unterschied zu Geschwisterkindern leben geschwisterlose Kinder jedoch signifikant häufiger in Ein-Eltern-Familien, d.h. mit nur einem (ledigen, getrennt lebenden oder geschiedenen) Elternteil zusammen in einem Haushalt. Dabei kann es sein oder auch nicht sein, daß dieses Elternteil eine feste Beziehung zu einem Partner, der nicht mit im Haushalt wohnt, unterhält. Eine kleine Gruppe von Kindern ohne Geschwister lebt mit ihren (noch relativ jungen) ledigen Müttern zusammen, welche noch keine längere, feste Partnerschaft gehabt haben. Bei Geschwisterkindern gibt es eine derartige Gruppe nicht.

In Tabelle 4 sind die prozentualen Häufigkeiten der Familienstände der Eltern von Einzel- und Geschwisterkindern zusammengestellt.

Abb. 4. »Das sind meine Eltern.«

Kinder ohne Geschwister leben häufiger als Geschwisterkinder in nichtehelichen Lebensgemeinschaften, d.h. zusammen mit Eltern, die nicht miteinander verheiratet sind. Zuweilen besteht darüber hinaus zu einem Elternteil keine biologisch begründete Beziehung.

Sie leben auch häufiger als Geschwisterkinder in vom leiblichen Vater bzw. von der leiblichen Mutter eingegangenen weiteren Partnerschaften, also als unterhaltsberechtigte Kinder in Stiefvater- bzw. Stiefmutterfamilien (Zweit- oder Drittehen der Partner).

Häufiger als Geschwisterkinder wachsen sie auch in Adoptiv- oder Pflegefamilien bzw. nicht bei den Eltern, sondern bei Verwandten, in Heimen, Internaten o.ä. auf.

Einzelkinder leben am häufigsten
in »regulären« Familienverhältnissen

Geschwisterlose Kinder leben nur geringfügig seltener als Geschwisterkinder in »normalen« Familienverhältnissen, d.h. mit den leiblichen Eltern zusammen in einem Haushalt. Die relativ größte Gruppe von geschwisterlosen Kindern lebt in regulären Kernfamilien. Auch Geschwisterkinder werden tendenziell immer häufiger in einer nicht der Kernfamilie entsprechenden Familiensituation groß. Der prozentuale Anteil ist bei den geschwisterlosen Kindern jedoch um 7,1 % höher, was sicherlich damit zusammenhängen dürfte, daß Paare mit nur einem Kind sich leichter wieder trennen und Mütter (oder Väter) mit nur einem Kind eher ledig bzw. in der Situation des Alleinerziehenden bleiben. Nicht von der Hand zu weisen ist auch, daß Kinder ohne Geschwister leichter in Adoptiv- oder Pflegefamilien vermittelt werden können und sich für sie auch leichter (nicht zuletzt aus finanziellen Gründen) eine institutionelle Unterbringung, z. B. in Heimen oder Internaten, arrangieren läßt.

Wenn über Kinder ohne Geschwister geredet wird, müssen also, das machen die skizzierten Ergebnisse deutlich, bereits bei der Betrachtung ihrer Familiensituation von außen einige Differenzierungen bzw. eine Einteilung in Gruppen und Untergruppen vorgenommen werden.

▦ Die Eltern

Was über die Eltern von geschwisterlosen Kindern geschrieben worden ist, entbehrt über weite Strecken einer seriösen erfahrungswissenschaftlichen Grundlage und spiegelt nicht selten ähnliche *Vorurteile* wider, wie sie bezogen auf die Persönlichkeit von Einzelkindern nach wie vor angetroffen werden können: Eltern von Einzelkindern, insbesondere Mütter, sind egoistisch und karriereorientiert (weil sie sich, um ihre berufliche Laufbahn nicht zu gefährden, für nur ein Kind entscheiden). Sie neigen dazu, ihre unerfüllten Wünsche und Erwartungen in dieses eine Kind zu projizieren (das dadurch über Gebühr belastet und nicht selten neurotisiert wird). Eltern von Einzelkindern praktizieren aber auch oft eine übermäßige Behütung, Versorgung und Verwöhnung und lassen dem Kind so keinen Freiraum zur eigenen Entwicklung. Sie erdrücken ihr Einzelkind mit Zuwendungen, Anregungen und steter Aufmerksamkeit. Schließlich finden sich auch Autoren/innen, die davon ausgehen, daß Einzelkind-Eltern ihren Sohn/ihre Tochter häufig vernachlässigen. Bei solchen Eltern nimmt das Kind lediglich eine randständige Position einnimmt, läuft nur so mit und kommt vor allem gefühlsmäßig zu kurz, weil für diese Eltern andere Dinge, z. B. der Beruf, eigene Freizeitinteressen, die Partnerschaft, wichtiger sind.

Die im Rahmen der o.e. nochmaligen Auswertung des DJI-Datensatzes zutagegeförderten Ergebnisse tragen zu einer Versachlichung der teilweise polemischen Einschätzungen und zu einer Klärung der widersprüchlichen Befundlage bei. Ermittelt wurden nämlich die folgenden Ergebnisse:

Erziehungsziele

Ein Vergleich der Erziehungsziele von Eltern in Ein-Kind-Familien mit Eltern in Mehr-Kind-Familien erbringt folgende Unterschiede: Die drei Erziehungsziele »Pflichtbewußtsein«, »Selbständigkeit«, »Umgangsformen/Manieren« werden von Einzelkind-Eltern häufiger als unwichtig eingeschätzt; die Erziehungsziele »Schulleistung«, »Verantwortungsbewußtsein« und »Selbstvertrauen« dagegen werden von Eltern in Ein-Kind-Familien häufiger als wichtig eingestuft.

Hier sticht ein Widerspruch ins Auge: »Selbständigkeit« wird als eher unwichtig eingeschätzt, als wichtig eingestuft werden dagegen »Selbstvertrauen« und »Verantwortungsbewußtsein«. Möglicherweise erklärt sich dieser Widerspruch mit der Tatsache, daß sich unter den Einzelkind-Eltern verschiedene Gruppen aufweisen lassen, denen die vorgegebenen Erziehungsziele unterschiedlich wichtig sind. Für die relativ kleine Gruppe der alleinerziehenden oder beide vollzeit berufstätigen Einzelkind-Eltern sollten beispielsweise die Erziehungsziele »Selbständigkeit« (und auch »Pflichtbewußtsein«) sowie Verantwortungsbewußtsein (und auch »Schulleistung«) größere Bedeutung haben als für Einzelkind-Eltern aus Kernfamilien oder Mehr-Generationen-Familien, in denen die Mutter (oder der Vater) nicht (oder nur teilzeit) berufstätig ist: Eltern (bzw. Mütter), die sich auch tagsüber ganz ihrem Kind widmen können, müssen nicht unbedingt großen Wert auf dessen frühe Selbständigkeit legen, können aber durchaus daran interessiert sein, daß es Selbstvertrauen und Verantwortungsbewußtsein entwickelt.

Führt man sich vor Augen, daß insgesamt 11 Erziehungsziele vorgegeben wurden – neben den oben aufgezählten 6 noch »Gehorsam«, »Fleiß«, »Verständnis«, »Kritikfähigkeit« und »Durchsetzungsfähigkeit« – so wird deutlich, daß ingesamt gesehen keine bedeutsamen Unterschiede zwischen Eltern in Ein-Kind-Familien und Eltern in Mehr-Kind-Familien im Hinblick auf Erziehungsziele nachzuweisen sind.

Berufstätigkeit und berufliche Orientierung

Eltern in Ein-Kind-Familien vertreten häufiger als Eltern in Mehr-Kind-Familien die Meinung, daß beide Partner auch dann berufstätig sein können, wenn das

Kind bzw. die Kinder in der Familie noch unter 3 Jahre alt sind. Auch bei Kindern im Kindergartenalter sind Einzelkind-Eltern häufiger als Eltern in Mehr-Kind-Familien der Ansicht, daß eine Berufstätigkeit beider Partner vertretbar ist. Erstgenannten Eltern ist eine solide und sichere berufliche Position und ein hohes Einkommen auch wichtiger als Eltern in Mehr-Kind-Familien. Andererseits ist es ihnen etwas weniger wichtig als Eltern mit mehreren Kindern, im Rahmen ihrer Berufstätigkeit interessanten Aufgaben nachgehen zu können.

Sicherlich hat dieser Einstellungsunterschied damit zu tun, daß es Eltern aus Ein-Kind-Familien objektiv leichter haben, für ihr Kind eine angemessene Betreuung während ihrer beruflich bedingten Abwesenheit zu organisieren. Eltern von zwei oder mehreren Kindern fällt das schwerer: Sie vertreten dementsprechend häufiger die Auffassung, daß man jüngeren Kindern eine Berufstätigkeit beider Eltern nicht zumuten kann.

Eltern in Ein-Kind-Familien haben besondere Einstellungen zu Beruf und Kindern

Die folgenden auf *Wertorientierungen* bezogenen Aussagen wurden Eltern in Ein-Kind-Familien und Eltern in Mehr-Kind-Familien vorgelegt. Es zeigte sich, daß Eltern in Ein-Kind-Familien diesen Aussagen seltener uneingeschränkt oder mit Einschränkung zustimmten als Eltern in Mehr-Kind-Familien:

- »Eine Ehe bedeutet Sicherheit und Geborgenheit.«
- »Nur wenn die Eltern verheiratet sind, haben die Kinder wirklich ein Zuhause.«
- »Ehe bedeutet die Bereitschaft, füreinander auch Verpflichtungen zu übernehmen.«
- »Wenn zwei Menschen sich lieben, sollten sie auch heiraten.«

■ »Kinder machen das Leben intensiver und erfüllter.«

■ »Kinder geben einem das Gefühl gebraucht zu werden.«

■ »Kinder sind eine finanzielle Belastung, die den Lebensstandard einschränkt.«

■ »Kinder bringen Sorgen und Probleme mit sich.«

■ »Kinder im Haus zu haben und sie aufwachsen zu sehen, macht Spaß.«

■ »Wenn Frauen eine berufliche Karriere machen wollen, müssen sie auf Kinder verzichten.«

Im Vergleich mit Eltern in Mehr-Kind-Familien scheinen zumindest einige Untergruppen von Eltern in Ein-Kind-Familien in beruflicher Hinsicht stärker karriere- und einkommensorientiert zu sein. Unmittelbar einsichtig ist das für die Untergruppe der jüngeren Eltern, die sich – nicht nur im Hinblick auf den Familienzyklus –

Abb. 5. »Ich gehe in die Schule, Mama geht ins Büro.«

noch in der Aufbauphase befinden. Auch Alleinerziehende müssen aufgrund ihrer zumeist angespannten ökonomischen Verhältnisse ihren Beruf nicht selten zwangsläufig in erster Linie unter finanziellen Gesichtspunkten betrachten. Auch bei der Gruppe der (zumeist schon deutlich über 30 Jahre alten) Eltern, die sich bewußt für nur ein Kind entschieden haben, weil sie ihre Partnerschaft und berufliche Laufbahn (und möglicherweise auch die vielzitierte Lebensqualität) hoch bewerten und nicht auf längere Zeit beeinträchtigt sehen wollen, könnte es sich um eine Untergruppe mit einer stärker materialistischen Grundorientierung handeln.

> Eltern in Ein-Kind-Familien befinden sich häufiger noch in einer frühen Phase der beruflichen Laufbahn.

Sie unterscheiden sich von Eltern in Mehr-Kind-Familien im Hinblick auf Ausbildungsniveau und berufliche Qualifikation. Sie haben häufiger noch keinen Berufsabschluß erreicht, befinden sich also noch in der Ausbildung bzw. im Praktikanten- oder Volontärsstadium bzw. leisten Wehr- oder Zivildienst.

Diese Ergebnisse untermauern die Notwendigkeit der Unterscheidung einer Untergruppe von Ein-Kind-Eltern, die sich in einer relativ frühen Phase ihrer beruflichen Laufbahn befindet. Es handelt sich hierbei meist um Paare, die auch einer jüngeren Altersgruppe (20- bis 24jährige bzw. 25- bis 29jährige) angehören, und bei denen nicht auszuschließen ist, daß zu einem späteren Zeitpunkt noch ein weiteres Kind geboren wird.

> Die Ergebnisse belegen weiter, daß Eltern mit nur einem Kind – im Vergleich mit Eltern, die mehr als ein Kind haben – häufiger Akademiker oder selb-

ständig oder in qualifizierten handwerklichen/technischen Berufen (z.B. als Meister oder Facharbeiter) und seltener in der Landwirtschaft tätig sind.

Offen bleiben muß, ob dieser Befund damit zusammenhängt, daß Eltern mit nur einem Kind faktisch mehr Zeit zur Verfügung steht, sich um Beruf und Karriere zu kümmern, oder ob es die Einstellung dieser Eltern ist, die bewirkt, daß sie sich stärker ihrer beruflichen Qualifikation und Weiterbildung widmen.

Das Ergebnis, daß Eltern mit nur einem Kind seltener in landwirtschaftlichen Berufen anzutreffen sind, hängt sicher damit zusammen, daß in ländlichen Regionen traditionelle Wertorientierungen, die Kindern und Familienleben hohen Stellenwert beimessen, verbreiteter sind als in Stadtregionen.

Altersverteilung und Wohnort

Die Existenz einer Untergruppe von Eltern in Ein-Kind-Familien, welche den beiden Altersgruppen der bis 25- und bis 30jährigen angehört, wurde bereits erwähnt. Daß Ein-Kind-Eltern häufiger in Großstädten anzutreffen sind, kann mehrere Gründe haben: Es fehlen die familialen und sozialen Netze, welche das Aufziehen von mehr als einem Kind erleichtern; die konkrete Wohnsituation: es überwiegen kleine, teure Mietwohnungen mit nur einem Kinderzimmer.

Nutzung von öffentlichen Einrichtungen und staatlicher Unterstützung

Einzelkind-Eltern verfügen anscheinend über größere Flexibilität und sind bei der Nutzung von öffentlichen Einrichtungen für Kinder weniger auf in der Nähe liegende verkehrsberuhigte Wege, Spielplätze, Kindergärten, Grund-, Haupt- und weiterführende Schulen angewiesen. Sie nutzen auch häufiger als Eltern in Mehr-Kind-Familien nahegelegene Einrichtungen, wie Kinos, Kneipen und Theater, was deutlich macht, daß sie es arrangieren können, abends auch einmal außerhalb der eigenen vier Wände Unterhaltung zu suchen.

Sobald ihr Kind jedoch das schulpflichtige Alter erreicht hat, sind sie – falls beide berufstätig sind – abhängiger als Eltern in Mehr-Kind-Familien von der Verfügbarkeit eines Kinderhorts, der eine gesicherte, regelmäßige Betreuung ihres Kindes während der Nachmittagsstunden gewährleistet.

Eltern in Ein-Kind-Familien nehmen deutlich häufiger als Eltern in Mehr-Kind-Familien *staatliche Unterstützungen* wie Arbeitslosen- oder Sozialhilfe, Ausbildungs- oder Umschulungsförderungsbeihilfe, Erziehungs- oder Mutterschaftsgeld in Anspruch. Dies dürfte nicht zuletzt an dem höheren Anteil von Ein-Eltern-Familien (Alleinerziehende) liegen (17,4 % gegenüber 10,3 % in Zwei-Kind Familien; siehe Tabelle 4).

Stellenwert von Ehe, Familie und Kindern

Was Wertorientierungen bezogen auf Ehe, Familie und Kinder betrifft, so unterscheiden sich Eltern mit nur einem Kind allenfalls geringfügig untereinander. Für sie scheinen Ehe, Familie und auch Kinder (!) keinen so hohen Stellenwert einzunehmen in der Wertehierarchie wie das bei Eltern aus Mehr-Kind-Familien der Fall ist. Für Eltern in Ein-Kind-Familien sind Kinder aber auch nicht oder nur in geringerem Ausmaß »eine finanzielle Belastung, die den Lebensstandard einschränkt« und bringen auch seltener »... Sorgen und Probleme mit sich«.

Bereitschaft zu Einschränkungen

Wenn ihr Familieneinkommen für längere Zeit um ein Viertel gekürzt würde, wären Einzelkind-Eltern wesentlich häufiger als Eltern in Mehr-Kind-Familien bereit, sich im Lebensbereich Wohnen/Wohnung einzuschränken. Dagegen wären sie deutlich seltener als Eltern in Mehr-Kind-Familien zu einer Einschränkung im Bereich Haushaltshilfe/Kinderbetreuungshilfe bereit.

In der Regel ist die Wohnsituation vieler Ein-Kind-Familien weniger beengt als die der meisten Mehr-Kind-Familien, so daß eine Reduzierung der Wohnfläche durchaus noch zumutbare Einschränkungen und Belastungen mit sich bringen würde, wozu man sich mehrheitlich bereit erklärt. Eine Haushalts- und insbesondere Kinderbetreuungshilfe ist dagegen in vielen Ein-Kind-Familien unentbehrlich, besonders bei Berufstätigkeit beider Eltern ist man darauf angewiesen, daß das Kind angemessen versorgt wird: deshalb spricht sich die Mehrheit gegen eine Einschränkung in diesem Bereich aus.

Aufgabenverteilungen

Eltern in Ein-Kind-Familien unterscheiden sich von Eltern in Mehr-Kind-Familien in mehrfacher Hinsicht:

- Sie erledigen Einkäufe für den Haushalt häufiger gemeinsam bzw. wechseln sich beim Einkaufen für den Haushalt ab.
- Sie putzen häufiger gemeinsam bzw. abwechselnd bzw. jeder für sich einen Bereich der Wohnung.
- Sie kochen auch häufiger gemeinsam bzw. abwechselnd.
- Deutlich häufiger kümmern sie sich auch gemeinsam um das Kind.
- Was die Anbahnung und Aufrechterhaltung von Kontakten außerhalb der Familie und Partnerschaft

angeht, so erleben sich die Partner in Ein-Kind-Familien häufiger als Eltern in Mehr-Kind-Familien als jeder für sich selbst dafür zuständig.

Auch in den folgenden Aufgabenbereichen ist in Partnerschaften mit nur einem Kind häufiger als in Familien mit mehreren Kindern jeder Partner für sich selbst zuständig: Kleinere Reparaturen im Haushalt, Verschönerungsarbeiten in der Wohnung, Geldverwaltung, Behördengänge und -kontakte (»Papierkrieg «), Entscheidung über die alltäglichen finanziellen Ausgaben, Entscheidung über den Kauf von Kleidung, Entscheidung über größere Anschaffungen, Entscheidung über Wohnungswechsel und Entscheidung über eigene berufliche Veränderungen.

Diese Ergebnisse untermauern, daß sich Ein-Kind-Familien deutlich von Mehr-Kind-Familien unterscheiden: in letzteren werden häufiger traditionelle Rollenverteilungen praktiziert, die Frau ist zuständig für die Kinder, den Haushalt und soziale Angelegenheiten; ihr (oftmals allein berufstätiger) Partner teilt ihr Wirtschaftsgeld zu und kümmert sich um die weiteren finanziellen und bürokratischen Angelegenheiten der Familie. In den verschiedenen Untergruppen der Ein-Kind-Familie gelten demgegenüber weniger konventionelle Rollenverteilungen. Sowohl im Haushalt als auch bei nichthaushaltsbezogenen Angelegenheiten kooperieren die Partner häufiger miteinander. Sie teilen sich öfter Pflichten und Aufgaben, erledigen Dinge gemeinsam oder aber jeder für sich. Bei ihnen kommt es deutlich seltener vor, daß jeder nur für einen bestimmten Aufgabenbereich zuständig ist.

Die genannten Unterschiede zwischen Ein-Kind-Familien und Mehr-Kind-Familien erreichen zwar statistische Signifikanz, das heißt jedoch nicht, daß die aufge-

Abb. 6. »Ich helfe meiner Mama beim Putzen.«

wiesenen Differenzen dem Alles-oder-Nichts-Gesetz ge-
horchen: Die Unterschiede bestehen lediglich schwerpunktmäßig, auch in Mehr-Kind-Familien gibt es weniger traditionell orientierte Partnerschaften, auch in Ein-Kind-
Familien finden sich konventionellere Rollenverteilungen
zwischen den Partnern. »Statistische Signifikanz« bedeutet hier lediglich, daß die jeweilige Rollenverteilung in der
Ein-Kind- bzw. in der Mehr-Kind-Familie häufiger angetroffen werden kann.

Letztlich ist es nicht weiter verwunderlich, daß in
den verschiedenen Untergruppen von Ein-Kind-Familien
Abweichungen von der althergebrachten Rollenverteilung zwischen Frau und Mann relativ häufig beobachtet
werden können. Denn bereits die (wie auch immer im
Einzelfall zustandegekommene) Entscheidung für *nur ein
Kind*, kann als ein Verstoß gegen die tief wurzelnde,
möglicherweise sogar biologisch verankerte Norm, daß
erwachsene Individuen (mehrere) Kinder haben sollten,

36

gewertet werden. Personen oder Partner, die nur ein Kind aufziehen, stehen also bereits aufgrund dieser Tatsache in gewisser Weise außerhalb der bewährten Traditionen. Folgerichtig sehen sie sich nicht selten auch in ihrer weiteren Lebensgestaltung vor die Notwendigkeit gestellt, neue, von den überlieferten Gebräuchen abweichende Verhaltensmuster im Umgang miteinander und anderen gegenüber auszuprobieren.

Kontakte außerhalb der Familie

Einzelkind-Eltern besprechen häufiger Dinge, die ihnen persönlich wichtig sind, nicht nur mit dem Partner, sondern auch mit anderen Bezugspersonen (Freunden, Verwandten, Bekannten). Außerdem nehmen sie (aufgrund ihrer beruflichen Situation) häufiger als Geschwisterkind-Eltern ihre Hauptmahlzeiten nicht im Familienkreis, sondern außerhalb der Familie ein.

Diese Ergebnisse werden verständlich, wenn man davon ausgeht, daß Eltern in Ein-Kind-Familien nicht nur im familialen Bereich, sondern (mindestens ebenso stark) im beruflichen Umfeld Selbstverwirklichung und persönliche Befriedigung suchen. Aus diesem Grunde sind sie offener dafür, intensive Beziehungen auch zu Personen außerhalb der Familie (mit denen sie sich dann auch über persönliche Dinge austauschen) aufzubauen und zu gestalten. Zudem sind sie durch ihre beruflich bedingte Abwesenheit von zu Hause auch oft oder regelmäßig darauf angewiesen, ihre Mahlzeiten in Kantinen, Lokalen o.ä. mit Kollegen/innen einzunehmen.

Typische Probleme von Einzelkind-Eltern

Gibt es Probleme, die für Eltern in Ein-Kind-Familien bzw. in Mehr-Kind-Familien typisch sind? Eine Reihe von Ergebnissen legte die Bejahung dieser Frage nahe, jedoch lassen sie sich durchaus unterschiedlich interpretieren und machen auf einige klärungsbedürftige Zusammenhänge aufmerksam.

1. Nachgewiesen wurde zum einen, daß in Familien mit nur einem Kind _mehr Schwangerschaftsabbrüche und Fehlgeburten vorkommen,_ als in Familien mit zwei oder mehr Kindern. Erstgenannter Befund kann sicher damit in Verbindung gebracht werden, daß sich in Ein-Kind-Familien die Partner – aus welchen Gründen auch immer – bewußt (oder möglicherweise weniger rational) gegen ein weiteres Kind entscheiden. Sie unternehmen von sich aus entsprechende Schritte, um die Konsequenzen einer nicht gelungenen Schwangerschaftsverhütung, die Geburt eines weiteren Kindes, zu vermeiden.

Über die Hintergründe der höheren Zahl von Fehlgeburten kann nur spekuliert werden. Ältere Forschungsergebnisse belegen (vgl. Ernst und Angst 1983), daß Mütter von Einzelkindern physisch anfälliger und weniger belastbar sind und z. T. aufgrund medizinischer Indikation das Risiko einer weiteren Geburt nicht auf sich nehmen. Auch medizinische Statistiken untermauern, daß Fehlgeburten bei Müttern von zwei oder mehr Kindern seltener vorkommen als bei Erstgebärenden oder Einzelkind-Müttern. Nicht ganz von der Hand gewiesen werden kann die Überlegung, daß es belastende und streßauslösende Situationsfaktoren sind, die in einigen Untergruppen von Ein-Kind-Familien häufiger vorkommen, welche bei den betroffenen Frauen Fehlgeburten mitbedingen können.

2. Die Ergebnisse belegen, daß Paare mit nur einem Kind häufiger über in den vergangenen 12 Monaten aufgetretene *sexuelle Probleme* berichten als Paare in Mehr-Kind-Familien. Auch dieser Befund läßt sich unterschiedlich interpretieren: In der Untergruppe der Paare, deren Ehe/Partnerschaft noch nicht so lange existiert, hat Sexualität möglicherweise noch einen höheren Stellenwert und sind gegenseitige Lern- und Anpassungsprozesse noch nicht abgeschlossen. In der Untergruppe der Paare, die sich bewußt gegen ein weiteres Kind entschieden haben, hat die individuelle Selbstverwirklichung, innerhalb derer eine befriedigende Sexualität sehr wichtig ist, eventuell eine zentralere Bedeutung als für Paare, die in ihrer Wertehierarchie der Familie und den Kindern einen höheren Rangplatz beimessen. Dies sollte beispielsweise auch für die Untergruppe der (möglicherweise alleinerziehenden) stärker ichbezogenen und berufsorientierten Frauen (und Männer) gelten, für die das Kind zwar eine Bereicherung in ihrem Leben darstellt, die jedoch gleichzeitig darauf bedacht sind, in ihrer Partnerschaft eine erfüllte Sexualität zu verwirklichen.

Nicht ganz abwegig ist die Vermutung, daß einige (weniger rollenkonforme und traditionsorientierte) Untergruppen von Ein-Kind-Familien eher bereit sind, als z.B. konservativer orientierte Ehepaare in Mehr-Kind-Familien, offener auf sexualitätsbezogene Fragen zu antworten. Was den Themenbereich Sexualität betrifft, so wurde nämlich in sozialwissenschaftlichen Erhebungen immer wieder bei befragten Personen die Neigung registriert, keine ehrliche, sondern eine sozial erwünschte Antwort zu geben: Als glücklich verheiratetes Ehepaar hat »man/frau« keine sexuellen Probleme (auch wenn die Befragten solche durchaus mehr oder weniger deutlich wahrnehmen).

3. Daß Paare mit nur einem Kind seltener als Paare in Mehr-Kind-Familien über in den letzten 12 Monaten *in Zusammenhang mit dem Kind/den Kindern aufgetretene Probleme* berichten, könnte ebenfalls mit der ausgeprägteren Partnerschafts- und Selbstbezogenheit erstgenannter Paare zusammenhängen. Für viele Paare mit mehreren Kindern stehen diese so im Zentrum ihrer gesamten Lebensgestaltung, daß sie auch die in Verbindung mit den Kindern auftretenden Probleme stärker mittelpunkthaft erleben. Für viele Ein-Kind-Eltern spielt das Kind zwar auch eine wichtige Rolle, rückt jedoch in seiner Wertigkeit sozusagen gleichberechtigt neben Dinge, welche die persönliche Selbstverwirklichung oder die Partnerschaft betreffen.

Der Gedanke, daß – nach dem Motto »mehr Kinder, mehr Sorgen« – bereits das Vorhandensein von mehr als einem Kind zwangsläufig auch mehr Probleme mit sich bringt, braucht nicht ernsthaft weiterverfolgt zu werden.

4. Daß Paare mit nur einem Kind sich häufiger als Eltern in Mehr-Kind-Familien durch Probleme belastet fühlen, die sie in den vergangenen 12 Monaten durch *Ausbildungs- oder Berufswechsel, Examen, Prüfungen usw.* erlebt haben, könnte zum einen darauf zurückzuführen sein, daß sie sich häufiger als Mehr-Kind-Eltern noch am Anfang ihrer beruflichen Laufbahn befinden. Möglicherweise läßt sich der nachgewiesene Unterschied aber auch mit Wertdifferenzen in Verbindung bringen: Die berufliche Selbstverwirklichung hat für Paare (bzw. Alleinerziehende) mit nur einem Kind einen höheren Stellenwert, so daß mit beruflichen Belangen verbundene Probleme auch als belastender erlebt werden.

Resümee

Die meisten der vorangehend aufgeführten Ergebnisse untermauern, daß Ein-Kind-Familien – und damit auch Kinder ohne Geschwister und ihre Lebenssituation – nicht über einen Kamm geschoren werden dürfen. Sie unterscheiden sich zwar in einer ganzen Reihe von Merkmalen von Mehr-Kind-Familien, bilden jedoch – für sich betrachtet – keine einheitliche Gruppe!

Zusammenfassend kann also festgehalten werden, daß Kinder ohne Geschwister ganz verschiedene Eltern haben können, die sich sowohl von Ein-Kind-Familie zu Ein-Kind-Familie als auch von Eltern in Zwei- oder Mehr-Kind-Familie deutlich unterscheiden.

Die Mütter

Der sich seit Mitte der sechziger Jahre immer deutlicher manifestierende Geburtenrückgang in der Bundesrepublik Deutschland rückte im Verlauf der siebziger Jahre zunehmend auch in den Blickpunkt der Öffentlichkeit. Besonders die Familienpolitiker stellten voller Besorgnis fest, daß ungefähr ein Drittel weniger Kinder geboren worden waren, als zur Bestandserhaltung der Bevölkerung notwendig gewesen wäre: 1980 wurden pro Familie nur noch ungefähr 1,5 Kinder geboren. Diese Zahl hat sich bis heute nur geringfügig verändert – und das angesichts der Tatsache, daß in den vergangenen eineinhalb Jahrzehnten eine ganze Reihe von staatlichen Hilfen für Familien neu eingeführt bzw. verbessert wurden: Mutterschaftsleistungen, Erziehungsurlaub und Erziehungsgeld, Kindergeld, Kinderfreibeträge, steuerliche Absetzbarkeit der Kinderbetreuungskosten für alleinerziehende Eltern usw.

Wissenschaftler wurden beauftragt, sich mit den Ursachen der sinkenden Geburtenrate zu befassen. In den Mittelpunkt einer Reihe von Forschungsprojekten rückten vor allem die Frauen und ihre Beweggründe für oder gegen ein (oder mehrere) Kind(er).

Im südbayrischen Raum wurde von Urdze und Rerrich (1981) eine standardisierte Befragung von 300 Müttern durchgeführt, in der bei vielen Frauen eine Neigung nachgewiesen wurde, die Familie auf ein Kind zu beschränken. Diese Neigung war dann besonders deutlich zu registrieren,

- »wenn man selbst als Einzelkind aufgewachsen war,
- wenn Kinder nicht als einziger und wichtigster Lebensinhalt im Leben einer Frau gesehen wurden,
- wenn Kinder nicht als Selbstverständlichkeit, als »Muß« gesehen wurden,
- wenn traditionelle Vorstellungen vom Leben einer Frau eher abgelehnt wurden,
- wenn gar keine oder nur eine lose Bindung zur Religion zu erkennen war,
- wenn eine deutliche Berufsorientierung und eine sehr positive Einstellung zum aktuellen oder früher ausgeübten Beruf vorhanden war,
- wenn die Umwelt als kinderfeindlich eingeschätzt wurde,
- wenn man in der Großstadt lebte und/oder in als schlecht bewerteten Wohnverhältnissen,
- sowie bei niedrigem Ausbildungsniveau.«

(aus: Urdze und Rerrich 1981, S. 12)

Einzelkind-Mütter, die kein weiteres Kind mehr wünschten und Mütter, die ein zweites Kind wollten, unterschieden sich nicht im Hinblick auf Konfessionszugehörigkeit, Einkommensniveau, positive oder negative Erfahrungen mit dem ersten Kind und ihre Vorstellungen über die Vor- und Nachteile, die Kinder mit sich bringen.

Überraschenderweise nannten beide Gruppen von Frauen auch ähnliche Argumente für bzw. gegen weitere Kinder. Ein weiteres Kind erschien oftmals aus der Überlegung heraus sinnvoll, daß das erste Kind dadurch einen Spielkameraden bekommen würde und außerdem damit die Gefahr des allzu großen Verwöhnens des einzigen Kindes gebannt wäre. Der Wunsch, berufstätig zu bleiben oder es wieder zu werden, wurde als häufigster Grund gegen die Anschaffung eines zweiten Kindes ins Feld geführt.

Bei der Auswertung ihrer Ergebnisse stießen die beiden Autoren auf eine Reihe neuer Fragen, durch die sie veranlaßt wurden, eine weitere Befragung durchzuführen, in der ein Perspektivenwechsel vorgenommen wurde. Charakterisiert ist dieser Perspektivenwechsel durch einen ganzheitlichen Zugang, innerhalb dessen nicht mehr nach einzelnen Einstellungen von Frauen zu Kindern und Erfahrungen von Frauen mit Kindern Ausschau gehalten wird, sondern viel umfassender danach gefragt wird, _was es für das Leben einer Frau bedeutet, wenn sie Mutter wird_.

Um dieser veränderten, ganzheitlichen Fragestellung gerecht zu werden, wurden mit nur noch 60 Frauen anhand eines Leitfadens intensive und ausführliche Gespräche geführt, in denen insbesondere die folgenden Themenkomplexe angesprochen wurden:

- Lebensgeschichte der Frau (Herkunftsfamilie, Kindheitserfahrungen, Eltern- und Geschwisterbeziehungen, Jugendjahre, Eheschließung),
- Schullaufbahn,
- beruflicher Werdegang,
- Leben als Hausfrau (ggf. Abstimmung zwischen beruflichen und familialen Belangen),
- äußere Lebenssituation (Finanzen, soziales Netz, Wohnung usw.),
- Partnerbeziehung, Mutter-Kind-Beziehung,
- Erleben von Schwangerschaft und Geburt,
- Entwicklung der Bindung zum Kind,
- angestrebte Kinderzahl (Einstellungen zu Kinderlosigkeit zu Einzelkindern und zu Mehr-Kind-Familien),
- Einstellungen zur Empfängnisverhütung,
- Erwartungen bezogen auf die Zukunft.

Die Ergebnisse dieser zweiten Befragung sind zwar nur eingeschränkt verallgemeinerbar, jedoch so interessant, daß sie im folgenden etwas ausführlicher dargestellt werden.

Von den 60 befragten Frauen, überwiegend Angehörige der Mittel- und Unterschicht, die alle jeweils ein Kind im Alter von durchschnittlich drei Jahren hatten, war knapp die Hälfte berufstätig.

Wie sehen Mütter rückblickend die eigene Kindheit und Jugend?

Ungefähr die Hälfte der Frauen erinnerte sich, daß sie sich schon früh damit beschäftigten, im eigenen Leben einmal mehr (insbesondere einen höheren Lebensstandard) zu erreichen als die Eltern. Fast drei Viertel der

Befragten (besonders Frauen aus kinderreichen Familien) erwähnte die aus ihrer Sicht negative Situation der Mütter: diese wurden charakterisiert als aufopfernd, sehr kind- und familienorientiert, auf den Haushalt fixiert, abhängig vom Partner und konservativ. Vom bescheidenen und anspruchslosen Leben der Mütter distanzierten sich die meisten Befragten.

Frau Müller über ihre Mutter, einer Hausfrau mit fünf Kindern: »Also, sie hat auch immer bloß den Haushalt, die Kinder gehabt, sie war immer nur für die Kinder und den Mann da. Kochen, putzen, waschen, bügeln. Sie hat auch noch nichts gesehen. Also, auf gar keinen Fall möchte ich tauschen, nie.« Frau Kellers Mutter hatte fünf Kinder. »Sie war eine so gutmütige Frau. Da hätte ein jeder alles haben können, und sie hat nach Möglichkeit alles selber gemacht. Ich möchte mir doch ein bißchen was leisten können und was vom Leben haben, nicht nur arbeiten und sparen und sparen.« Frau Dörners Mutter arbeitete als ungelernte Fabrikarbeiterin und hatte vier Kinder. »Die ganze Woche hat sie ja bloß gearbeitet für uns. Sie schuftete in der Arbeit und hat uns dann versorgt. Um Gottes Willen, sie hat nichts Gutes gehabt, also, das war der reine Selbstverzicht. Sie war in dem Haus zufrieden, sie war nie egoistisch und so ist es auch noch heute. Sie verzichtet lieber auf etwas und gibt es ihren Kindern. Das ist einfach sinnlos, weil ich finde, das Leben ist da, daß man die angenehmen Seiten kennenlernt und daß man glücklich ist.« (aus: Urdze und Rerrich 1981, S. 20-21)

Nur jede zehnte Frau beschrieb die Mutter als positives Vorbild für das eigene Leben, jedoch nicht im Hinblick auf die konkrete Lebensgestaltung. Vorstellungen von einem Leben als »Hausmütterchen« waren durchweg negativ besetzt.

Was den eigenen Kinderwunsch betrifft, so scheinen die in Kindheit und Jugend gemachten Erfahrungen mit eigenen Geschwistern eine gewichtige Rolle zu spielen. Frauen, die positive Erfahrungen mit den eigenen Geschwistern gemacht hatten (etwa zwei Drittel der Befragten), wären gerne mit noch mehr Geschwistern aufgewachsen und wünschten sich häufig noch ein zweites Kind.

> »Ich finde, das ist etwas Schönes, wenn man zu so vielen Kindern ist und man wächst so miteinander auf. Wie schön das ist, das kann nur jemand begreifen, der es selbst erlebt hat – eben mit einer großen Familie. Da weiß man, wie schön das war.« (Zweitälteste von acht Geschwistern, möchte ein weiteres Kind.) (aus: Urdze und Rerrich 1981, S. 24-25)

Umgekehrt wurden negative Erfahrungen als Einzelkind als Begründung für den Wunsch nach einem weiteren Kind angeführt.

> »Ich bin als Einzelkind aufgewachsen, und das habe ich eigentlich immer als sehr störend empfunden. Ich habe mir sehnlichst eine Schwester oder einen Bruder gewünscht, aber nie bekommen. Jetzt, nach 15 Jahren, ist er da, aber da war ich natürlich schon wieder fast aus dem Haus. Ich wollte gern jemanden zum Spielen haben, jemanden, den ich in den Kindergarten bringen kann. Ich hab immer die anderen Mädchen ganz neidisch betrachtet, wie sie ihren Bruder wickeln durften, und da hab ich mir schon immer ein Geschwisterl gewünscht. Irgend-

wie war das sehr traurig.« (Frau Olbrich, möchte weitere Kinder.) (aus: Urdze und Rerrich 1981, S. 25)

Die Frauen (ungefähr ein Drittel der Befragten), welche lieber weniger Geschwister gehabt hätten oder lieber als Einzelkind aufgewachsen wären, berichteten selten von eigenen negativen Erfahrungen mit Geschwistern. Vielmehr erwähnten sie relativ häufig, daß sie von den Eltern wenig Zuwendung erfahren hätten, sich einschränken und auch im Hinblick auf die eigene Berufsausbildung zurückstecken mußten.

(Wären Sie gerne Einzelkind gewesen?) »Früher schon. Wenn ich z.B. in der Schule gesehen hab, wie die anderen tolle Kleider hatten oder. Irgendwie merkt man das bei vier Kindern, das geht nicht einfach so. Da hab ich mir schon immer gewünscht, hätte ich doch keine Geschwister, aber jetzt bin ich froh.« (Älteste von vier Geschwistern, möchte keine weiteren Kinder) (aus: Urdze und Rerrich 1981, S. 25)

Die Mehrheit der selbst als Einzelkind aufgewachsenen Frauen betonte jedoch, daß sie in ihrer eigenen Kindheit gern Geschwister gehabt hätte. Das gilt aber nicht für die Frauen, die als Einzelkinder viel Kontakt zu anderen Kindern gehabt hatten: diese beschrieben ihr Aufgewachsensein als Einzelkind sehr positiv und erwähnten nicht, daß sie eigene Geschwister vermißt hätten.

»Ich war halt ein Einzelkind, aber ich hab das eigentlich nie so empfunden, weil ich von klein auf schon sehr umgänglich war. Ich hatte schon immer eine Freundin oder viele Bekannte.« (Haben Sie sich manchmal Geschwister gewünscht?) »Nein, das kann ich nicht sagen. Jetzt denke ich manchmal, es wäre nett, wenn ich noch jemanden hätte, weil ich das nette Verhältnis von meinem Mann zu seinem Bruder sehe.« (Frau Nußbaumer, möchte keine weiteren Kinder.) (aus: Urdze und Rerrich 1981, S. 25)

Vorstellungen von Beruf und eigener Familie in der Jugendzeit

Die Mehrheit der befragten Frauen orientierte sich am traditionellen Geschlechtsrollenstereotyp. Sie stellten sich vor, nur vorübergehend berufstätig zu sein und planten ein Leben als Hausfrau und Mutter. Ehe und Familie wurden häufig sehr positiv gesehen, das Leben als geliebte Frau und Mutter mit Haus, Garten, viel Freizeit, entzückenden Kindern und einem liebevollen Ehemann in den schönsten Farben beschrieben.

Bei der Entscheidung für einen bestimmten Beruf spielten eigene berufsbezogene Erwägungen und Neigungen kaum eine Rolle. Die Eltern, die finanzielle Situation der Familie, der Wunsch nach (auch materieller) Unabhängigkeit und auch eine gewisse Schulmüdigkeit waren wichtigere Faktoren, welche die konkrete Entscheidung beeinflußten.

Nur von einer Minderheit der Befragten wurde die Ausübung eines Berufes als Möglichkeit zur eigenständigen Lebensgestaltung und Verwirklichung eigener Interessen angesehen. In den Vorstellungen dieser Frauen spielen Ehe und Kinder eine eher nebengeordnete Rolle, werden z.B. als Ergänzung eines erfüllten Lebens betrachtet.

Ungefähr die Hälfte der Befragten wurde ungeplant, zufällig, ungewollt und zumeist überraschend
schwanger. Schwangerschaft und Geburt wurden unterschiedlich – von positiv und euphorisch über nüchtern
und realistisch bis negativ und unangenehm – erlebt. Ein
Zusammenhang mit der späteren Ausübung der Mutterrolle und dem Wunsch nach weiteren Kindern konnte
nicht festgestellt werden.

»Das Kind war schon da – na ja, dann heiratet man
eben. Wir mochten uns ja.« (Hätten Sie sonst auch
geheiratet?) »Ich glaube nicht.« (Wie haben Sie sich
das Kinderhaben vorgestellt?) »Ich habe mir ge-
dacht, meine Mutter hilft mir auch viel. So schlimm
habe ich mir das nicht vorgestellt.« (Inwieweit
schlimm?) »Weil es schlimm ist, wenn du noch so
jung bist und ein Kind hast.« (Frau Uhland ist 21
Jahre alt und hat einen 2 1/2jährigen Sohn. Sie
wohnt auf dem Land, ist berufstätig als Küchenhil-
fe und möchte ein weiteres Kind.) »...Wenn's nach
mir gegangen wäre, dann hätte ich noch nicht geheiratet, aber mein Mann hat gesagt: »Das geht
jetzt nicht mehr«. Und die Mama auch: »Wenn du
schwanger bist und bist immer noch daheim...« Das
erste Jahr, nein, das war nicht schön. Als ich früher
daheim war, hab ich fortfahren könne, ich hab ja
das Kind bei meiner Mama lassen können. Aber als
wir dann verheiratet waren – der Mann geht ja
doch fort, und ich bin einfach immer allein. Heute
hab ich mich schon eher damit abgefunden. Man
gewöhnt sich an alles.« (Wieviel Kinder wollten Sie
früher haben, vor dem ersten Kind?) »Darüber hab
ich eigentlich nie nachgedacht, weil ich nicht ge-

wußt habe, wie das ist, wenn man ein Kind hat. Aber heute – ich möchte eigentlich keins mehr.« (aus: Urdze und Rerrich, S. 42-43)

Es lassen sich sechs Gruppen von Frauen unterscheiden, die sich vor der Geburt ihres Kindes in ganz unterschiedlichen Lebenslagen befanden:

sehr junge Frauen, die völlig unvorbereitet schwanger wurden und ihre Schwangerschaft als große Belastung erlebten,

jüngere Frauen, die zum Zeitpunkt der Schwangerschaft auch noch ledig waren, sich jedoch in günstigeren Lebensumständen (z.B. in fester Partnerschaft) befanden oder mit familialer Unterstützung rechnen konnten,

bereits verheiratete Frauen, die sich aber noch kaum mit der Vorstellung, eigene Kinder zu haben, beschäftigt hatten und ungeplant schwanger wurden,

verheiratete Frauen, die mit ihrem Partner bereits darüber gesprochen hatten, später einmal ein Kind zu wollen, jedoch zufällig schwanger wurden,

verheiratete Frauen, die geplant schwanger wurden, sich jedoch mit den aus der Schwangerschaft und Geburt resultierenden Folgen noch kaum beschäftigt hatten,

verheiratete Frauen, die den Zeitpunkt der Geburt genau geplant und sich auch mit den Konsequenzen auseinandergesetzt hatten.

Obwohl heiraten und Kinder bekommen für die meisten Frauen eine selbstverständliche Lebensperspektive darstellen, hatte die Mehrheit der Befragten vor der Ehe kaum Vorstellungen darüber, wie sich das Zusammenleben und die Rollenverteilung in der Partnerschaft abspielen soll. Man hoffte lediglich, gut mit dem Partner auszukommen und ein harmonisches und glückliches Eheleben zu führen. Nur eine Minderheit der befragten Frauen hatte mit dem Partner bereits vor der Ehe zusammengelebt. Der Gesichtspunkt, daß die Eheschließung die eigene Versorgung sichert, wurde von kaum einer Frau erwähnt.

Ob die Schwangerschaft ungewollt oder geplant war, spielte keine Rolle für den Wunsch nach einem weiteren Kind. Wichtig war aber, welche konkreten Erfahrungen nach der Geburt des Kindes bei der Bewältigung der neuen Lebenssituation gemacht wurden. Überwiegend positive Erfahrungen, an deren Zustandekommen natürlich auch der Partner und andere Bezugspersonen beteiligt waren, verstärkten häufig den Wunsch nach einem weiteren Kind.

Die meisten befragten Frauen hatten kaum konkrete Vorstellungen darüber, was sie als Mutter erwartet. Daß man sich das Leben mit einem Kind einfacher vorgestellt hatte, wurde öfter erwähnt. Von Umstellungsschwierigkeiten auf die *Mutterrolle* in mehr oder weniger großem Umfang berichtete die Mehrzahl der befragten Frauen. Man tat sich häufig schwer, sich auf das Neugeborene einzustellen, war sich unsicher, ob man das Baby auch richtig versorgte und empfand es nicht selten als problematisch, Freude und Befriedigung aus der Mutterrolle zu schöpfen. Trotzdem schafften es die meisten Frauen relativ schnell, die neuen Aufgaben zu bewältigen und den Ansprüchen ihres Kindes gerecht zu werden. Auch wenn es zuweilen eine gewisse Zeit dauerte, bis eine stabile, positive Beziehung zum Kind aufgebaut war, so beschrieb doch die Mehrheit der Befragten den neuen Familienalltag überwiegend positiv. Viele Frauen erlebten die neuen Aufgaben, die sich ihnen bei der Versorgung und Betreuung ihres Kindes stellten, als anregend und bereichernd und gewannen aus ihrer Bewältigung Befriedigung und Selbstwertgefühl.

Aufgabe oder Unterbrechung der Berufstätigkeit

Soziale Aspekte der Berufstätigkeit, wie nette Kontakte zu Kollegen, gutes Betriebsklima, Abwechslung, wurden in der Erinnerung höher gewichtet als finanzielle Vorteile und die damit verbundene Möglichkeit, eigenes Geld ausgeben zu können. Aus Rücksicht auf ihren Partner und das geplante Kind schränkten viele Frauen ihre Berufstätigkeit nach der Heirat freiwillig ein. Die Minderheit der Befragten mit echtem eigenen Interesse an der beruflichen Tätigkeit war nicht selten etwas enttäuscht über konkrete Benachteiligungen, die sie am Arbeitsplatz erleben mußte. Angesprochen wurden Gesichtspunkte, die auch auf dem gegenwärtigen Arbeitsmarkt der Bundesrepublik Deutschland für Frauenerwerbstätigkeit typisch sind: geringere Entlohnung, schlechtere Aufstiegsmöglichkeiten, eintönige, wenig abwechslungsreiche Tätigkeiten, unterqualifizierter Arbeitseinsatz, untergeordnete, mit wenig Entscheidungskompetenz ausgestattete Tätigkeit.

Die Mehrheit der zum Zeitpunkt der Befragung nicht mehr berufstätigen Frauen hielt sich die Möglichkeit offen, später einmal ins Berufsleben zurückzukehren und erlebte diese Option für die Zukunft für sich als positiv.

Der Alltag als Hausfrau

Bei den nicht berufstätigen Frauen nahm die Unzufriedenheit mit dem Hausfrauendasein allmählich zu: durchschnittlich drei Jahre nach der Geburt des ersten Kindes war nur noch ein Drittel der befragten nicht berufstätigen Mütter mit ihrem Leben als Hausfrau zufrieden. Das Leben als Hausfrau wurde dabei nicht ausschließlich negativ, sondern eher zwiespältig bewertet. An negativen Aspekten der Hausfrauenarbeit wurden erwähnt die isolierte Situation, der Verlust an sozialer Attraktivität anderen gegenüber, die Monotonie und Unproduktivität der Hausfrauenarbeit, die Abhängigkeit vom Mann, das Gefühl, von der übrigen Welt abgeschnitten zu sein. Positiv gesehen wurde die Tatsache, daß die Tätigkeit als Hausfrau und Mutter eine größere Präsenz und Nähe gegenüber dem Kind ermöglichte und daß sie selbstbestimmt und in freier Zeiteinteilung erfolgte.

»Ich finde es zu Hause langweilig, weil man nicht unter Menschen kommt und niemand hat den ganzen Tag. Mein Kind gefällt mir schon. Aber die Hausarbeit – das ist alles ein bißchen stupide.« (ehemalige Bürokauffrau, München, mit 5jährigem Sohn)

»Ich bin wahnsinnig gern Hausfrau. Die Hausfrauensachen mache ich alle gern und ich beschäftige mich unheimlich gern mit meiner Tochter. Aber irgendwie fühle ich mich so minderwertig, ich habe immer wieder blöde Komplexe. Wenn man den ganzen Tag allein ist, keine Ansprache hat, dann kommt man sich natürlich ein bißchen blöd vor, wenn Besuch kommt. Die sind die ganze Zeit im Leben draußen und wir sind ja doch abgeschlossen. Die erzählen dann, und ich kann bloß von der

Wohnung erzählen, was man halt in der Woche gemacht hat oder wenn man mal tapeziert hat. Die haben dies und das geschafft. Ich meine, man schafft ja auch was, aber nicht in dem Sinne wie die Arbeiter. Ein Kind braucht ja mehr wie der Beruf. Natürlich muß man sich einschränken, wenn der Mann allein arbeitet. Aber da hätten wir keine Kinder haben dürfen. Ich möchte das schon richtig machen, denn ich sehe, wie das ist, wenn Leute ihre Kinder in Pflege geben – das ist eine Katastrophe. Wenn ich dann Frauen sehe, die Kinder haben und noch in die Arbeit gehen – irgendwie bewundere ich die. Aber wenn ich dann sehe, wie sie haushaltsmäßig sind oder wie sie ihre Kinder behandeln, dann beneide ich sie wieder nicht. Sie haben ihre Arbeit, sie haben ihre Kinder, und nichts wird richtig befriedigt.« (ehemalige Verkäuferin in einer Mittelstadt mit 2jähriger Tochter)
Schön ist, daß ich mir die Arbeit so einteilen kann, wie ich gern möchte. Und daß ich eben nicht dem Streß unterstehe und mich beeilen muß. Wenn ich's heute nicht fertigbringe, dann mache ich's morgen. Und hauptsächlich eben das Kind.« (ehemalige Kinderpflegerin auf dem Land mit einjähriger Tochter) (aus: Urdze und Rerrich 1981, S. 60)

Erkennbar ist, daß nach einigen Jahren bei den meisten befragten Hausfrauen der Wunsch, wieder eine Berufstätigkeit auszuüben deutlich zunimmt. Dieses Ergebnis gilt unabhängig von Schicht, Einkommen oder Beruf der Befragten. Doch nur knapp die Hälfte der befragten Hausfrauen wäre bereit, sofort mit einer berufstätigen Mutter zu tauschen. Eine verantwortliche und fürsorgliche Haltung gegenüber dem Kind manifestiert sich klar erkennbar bei vielen Frauen. Dem Partner und dem Kind zuliebe bleiben sie nur Hausfrau, obwohl vielen von ihnen die Monotonie des Hausfrauenalltags und die erlebte Unproduktivität zuweilen bedrückend erscheinen.

Wer wünscht sich noch ein weiteres Kind?

Wenn sich Frauen in dieser Situation noch ein weiteres Kind wünschen, müssen eine Reihe von Bedingungen erfüllt sein: die Situation eines Einzelkindes muß überwiegend negativ beurteilt werden. Man hält es für nicht verantwortbar, das erstgeborene Kind ohne Geschwister groß werden zu lassen. Im familialen oder nachbarschaftlichen Umfeld muß eine Bezugsperson vorhanden sein, welche bereit und in der Lage ist, Mutterfunktionen verantwortungsvoll bei Abwesenheit der leiblichen Mutter zu übernehmen. Die fordernde Haltung des Mannes: wenn von ihm Druck auf die Partnerin ausgeübt wird, weil er sich weitere Kinder wünscht oder der Ansicht ist, daß es sich negativ auswirkt auf das erstgeborene Kind, wenn die Mutter wieder berufstätig wird. Wenn dagegen das Hausfrauenleben als sehr unbefriedigend erlebt wird, ist die Wahrscheinlichkeit groß, daß Begründungen und Argumente gegen ein weiteres Kind formuliert werden. Wenn tatsächlich konkrete und anziehende Alternativen vorhanden sind, ist die unzufriedene, nicht berufstätige Hausfrau und Mutter gern bereit, mit einem weiteren Kind zumindest noch etwas zu warten.

Erkennbar ist auch ein Zusammenhang zwischen der Unzufriedenheit mit der Hausfrauentätigkeit und einem weniger guten Verhältnis zum Kind. Jedoch bleibt unklar, wie dieser Zusammenhang erklärt werden kann. Ist die »Nur-Hausfrau« unzufrieden, weil es ihr nicht gelingt, eine gute und tragfähige Beziehung zu ihrem Kind aufzubauen oder hat sie zu ihrem Kind kein so gutes Verhältnis, weil sie ihm die Schuld daran gibt, daß sie sich so lange mit der ungeliebten Hausfrauentätigkeit begnügen muß?

Berufstätige Mütter

Über zwei Drittel der befragten berufstätigen Mütter, schränkten nach der Geburt ihres Kindes ihre Berufsarbeit deutlich ein. Nicht selten wurde eine andere Arbeit aufgenommen oder der Arbeitsplatz gewechselt, um dadurch für das Kind mehr Zeit zu haben. Die meisten Mütter waren auch bereit, daraus resultierende Nachteile (Lohnkürzung, unterqualifizierte Tätigkeit) in Kauf zu nehmen. Wesentlich war den meisten Befragten, daß sie auf eine Reihe von Vorteilen, welche die Berufstätigkeit mit sich brachte, nicht zu verzichten brauchten: Verfügungsgewalt über eigenes Geld, Unabhängigkeit vom Partner, soziale Kontakte, Befriedigung über die eigene Leistungsfähigkeit und Freude an der Art der Tätigkeit.

Frau Medner lernte zunächst Schuhverkäuferin. Nach ihrer Heirat und dem damit verbunden Umzug gab sie ihre Lehre auf und arbeitete in einer Fabrik als angelernte Montiererin im Akkord. Nach der Geburt ihres Sohnes blieb sie zunächst berufstätig, und ihr Mann, der in Ausbildung war, betreute das Kind. »Ich habe mir die erste Schicht ausgesucht, weil ich mir gesagt habe, ich bin dann wieder eine Stunde früher beim Kleinen.« Heute ist sie stundenweise als Putzfrau in einer Putzkolonne beschäftigt in Schwarzarbeit. »Ich könnte sofort wieder bei der Firma anfangen, aber die nehmen niemanden halbtags. Als ich aufgehört habe, dort zu arbeiten, war auch die Zeit, als sie viele entlassen haben. Viele, die zu meiner Zeit noch halbtags gearbeitet haben, haben auf ganztags umstellen müssen, sonst wären sie gekündigt worden. Wenn ich dort arbeiten würde, müßte ich bis um 3 Uhr arbeiten, und das ist mir wirklich zuviel. Ich weiß, wie das ist, beim Akkordarbeiten – beim Putzen kann man es sich doch eher einteilen.«

Frau Bachrieder arbeitete vor der Geburt ihres Sohnes als Dolmetscherin. »Ich habe eigentlich eine abgeschlossene Banklehre. Aber das war langweilig. Außerdem hat man ja als Frau in einer Bank keinerlei Möglichkeiten weiterzukommen. Und dann habe ich als Dolmetscherin in Englisch mein Examen als Beste gemacht, weil es mir Spaß gemacht hat. Und eigentlich wollte ich ins Ausland. Dann habe ich aber geheiratet und bin dageblieben. Erst hatte ich zweimal die Woche nachmittags einen Babysitter und habe nachmittags gearbeitet. Dann habe ich das Angebot von der Volkshochschule bekommen für abends, und das ist sehr angenehm.« »Ich arbeite hauptsächlich aus finanziellen Gründen, weil wir uns dadurch mehr leisten können.« (Wie gefällt es Ihnen in der Arbeit?) »Gut. Ich bin selbständig. Wir sind ein Team mit drei Leuten, und jede kennt ihre Arbeit, wir arbeiten prima zusammen. Es ist sehr schön und ein tolles Betriebsklima.« (Gibt es etwas in Ihrer Arbeit, was Ihnen nicht so gut gefällt?) »Nein.« (Möchten Sie mit einer Hausfrau tauschen?) »Nein. Man hat viel mehr Abwechslung. Ich kenne frühere Kolleginnen, die jetzt zu Hause sind, und die sind nicht zufrieden. Die halten es zu Hause auch nicht aus.« (Schwesternhelferin in Teilzeitbeschäftigung auf dem Land) (aus: Urdze und Rerrich 1981, S. 66)

Abb. 7. Schön, wenn die Großmutter sich auch um das Baby kümmern kann.

Die meisten der Befragten hatten ein zufriedenstellendes Arrangement zwischen Berufs- und Familienleben gefunden. An der Betreuung des Kindes beteiligten sich entweder der Partner oder vertraute Bezugspersonen aus dem Verwandten- oder Freundeskreis, die natürlich – eine wichtige Voraussetzung – in der näheren Umgebung wohnen mußten. Die Betreuung des Kindes wurde also fast ausschließlich auf der Grundlage privater Absprachen organisiert, erst nachdem das Kind das Kindergartenalter erreicht hatte, konnte man mehr und mehr auch auf die staatlich-institutionelle Kinderbetreuung zurückgreifen.

Die Versorgung und Betreuung von Kleinkindern scheint also nach wie vor eine weitgehend private Angelegenheit der Mütter zu sein, da die staatliche Versorgung (z.B. mit Krippen) für dieses Lebensalter unzulänglich ist.

Die oftmals erwähnte »Doppelbelastung« als Hausfrau/Mutter und Berufstätige wurde von den meisten Befragten kaum als solche erlebt, was natürlich auch damit zusammenhängen kann, daß sich *für nur ein Kind* leichter eine zufriedenstellende Betreuung arrangieren läßt.

Deutlich mehr berufstätige Mütter als Nur-Hausfrauen berichteten davon, daß sie eine sehr gute oder überwiegend positiv getönte Beziehung zu ihrem Kind unterhielten.

Insgesamt betrachtet schienen die berufstätigen Mütter zufriedener mit ihrer Situation zu sein als die nicht berufstätigen Hausfrauen-Mütter. Möglicherweise schöpften sie ihre Befriedigung aus der Tatsache, daß sie zum einen dem gesellschaftlich hoch bewerteten Leitbild der »modernen, berufstätigen Frau« entsprachen, zum anderen aber auch traditionellen Vorstellungen über Frauentätigkeit als Mutter im Haushalt gerecht wurden. Das gelang ihnen aber nur dadurch, daß sie sich auf ein Kind beschränkten und mit einer Teilzeitbeschäftigung zufrieden gaben (vgl. Urdze und Rerrich 1981, S. 77).

Gewünschte Familiengröße

Zum Zeitpunkt der Befragung – die Kinder der befragten Mütter waren durchschnittlich drei Jahre (maximal fünf Jahre) alt –, hatten sich die meisten Befragten noch nicht endgültig und eindeutig entschieden. Das Vorhandensein einer Zwei-Kinder-Norm konnte zwar bei den meisten Frauen, die diese Norm schon in ihrer Kindheit oder Jugend verinnerlicht hatten, nachgewiesen werden, doch die konkreten, in den letzten Jahren als Ehefrau und Mutter gemachten Erfahrungen trugen nicht selten zu einer Abschwächung der Norm bei: Viele der befragten Frauen waren sich unsicher und beschrieben einen persönlichen Zwiespalt, wenn die Frage nach einem weiteren Kind angeschnitten wurde. Die Unschlüssigkeit und Unentschiedenheit, die viele der befragten Frauen erlebten, führte oft dazu, daß die Entscheidung für oder gegen ein weiteres Kind einfach hinausgeschoben wurde.

Gründe für ein weiteres Kind

Häufig wurde berichtet, daß sich der Ehepartner noch ein weiteres Kind wünschte und man letztlich auch bereit wäre, sich diesem Wunsch anzupassen. Ein Zusammenhang zwischen der finanziell-ökonomischen Situation der Familie und dem Wunsch nach weiteren Kindern konnte nicht belegt werden. Zwar wurde zuweilen be-

Abb. 8. Die günstige Wohnsituation: ein Grund für weitere Kinder.

hauptet, man könne sich keine weiteren Kinder mehr leisten, jedoch waren derartige Einwände vorzugsweise bei bessersituierten Müttern festzustellen, konnte also als Ausflucht und Rationalisierung entlarvt werden.

Das Vorliegen der folgenden vier Bedingungen scheint wesentlich dazu beizutragen, daß Mütter sich relativ schnell und eindeutig *für weitere Kinder* entscheiden:

- Negativbeurteilung der Einzelkindsituation,
- positive Erinnerungen an die eigenen Geschwister,
- Sinnfindung im Dasein als Hausfrau und Mutter und
- Eintreten des Ehepartners für weitere Kinder.

Gründe gegen ein weiteres Kind

Frauen, die sich eindeutig *gegen ein weiteres Kind* ausgesprochen hatten, wiesen von sich aus häufig auf Vorteile des Einzelkinddaseins hin: Einem Einzelkind kann viel mehr Zuwendung und Aufmerksamkeit von Seiten der Eltern, aber auch in materieller Hinsicht geboten werden. Um mögliche soziale Nachteile zu vermeiden, kann ein regelmäßiger, häufiger Kontakt zu anderen Kindern hergestellt werden. Aufgrund der erwähnten Vorteile erwartet man, daß Einzelkinder eine größere Selbständigkeit und Durchsetzungskraft ausbilden. Mehr-Kind-Familien werden mit einer Mischung aus Respekt, Bewunderung und Anerkennung auf der einen Seite, Mitleid und Skepsis auf der anderen Seite betrachtet. Sich selbst würde man das Aufziehen von drei oder mehr Kindern jedoch nicht zutrauen, zudem befürchten manche Frauen, daß den Kindern Nachteile daraus entstehen, daß sie aus finanziellen Gründen Einschränkungen im Hinblick auf ihre Schullaufbahn und berufliche Ausbildung in Kauf nehmen müssen.

Bei der Begründung der Frage, warum sie sich gegen ein zweites Kind entschieden haben, wurden von Nur-Hausfrauen und Berufstätigen unterschiedliche Schwerpunkte gesetzt: Hausfrauen, die sich eindeutig auf **ein Kind** festgelegt hatten, waren ausnahmslos unzufrieden mit ihrer gegenwärtigen Lebenssituation. Sie fühlten sich unausgelastet, isoliert, abhängig vom Partner, angebunden durch das Kind, hatten Langeweile und den Wunsch nach Abwechslung und Kontakten, vermißten Anerkennung und selbstverdientes Geld, mit dem sie nach eigenem Ermessen umgehen wollten. Sie planten deshalb, so bald wie möglich wieder einer Berufstätigkeit nachzugehen, von der sie sich nicht nur eine Verbesserung des gegenwärtigen, materiellen Lebensstandards erwarteten, sondern auch mehr Freiheit und Unabhängigkeit. Es war ihnen aber auch klar, daß sich sie mit dem Verzicht auf ein weiteres Kind für ein bequemeres, weniger anstrengendes Leben entschieden hatten. Die Qualität der Beziehung zum Kind spielte bei dieser Entscheidung keine Rolle. Auch bei Vorliegen einer ausgesprochen positiven Beziehung waren die Mütter nicht geneigter, sich ein weiteres Kind anzuschaffen, weil sich dadurch ihre Situation nur noch weiter verschlechtern würde.

Frau Renner wollte früher zwei Kinder, insbesondere aufgrund ihrer eigenen Erfahrungen mit Geschwistern. Heute neigt sie eher dazu, bei einem Kind zu bleiben. Sie sagt: »Sicher wäre es schön, wenn sie noch Geschwister hätte. Ich weiß es von mir – ich habe selbst zwei Geschwister. Der Gedanke – sicher, der bewegt mich auch. Ich sage, es wäre für sie schön oder für einen selber auch, wenn man älter ist. Aber das wäre natürlich Egoismus. Schöner wäre es schon, sicher, wenn man mehrere Kinder hätte, aber das ist für mich nicht maßgebend.

Eben nur Mutter sein – das will man doch wieder nicht. Das ist eigentlich das größte Problem. Man möchte noch irgendwie «in» sein, ja? Mit der Welt draußen Kontakt haben. Und das ist eben schwierig mit kleinen Kindern. Man ist dann nur im Haushalt. Ich müßte dann die Arbeit aufgeben, das geht dann nicht mehr. Moment! Natürlich auch das Finanzielle – das darf man nicht vergessen. Uns geht es finanziell sehr gut, aber ein Kind ist ja auch ein finanzielles Problem, es belastet einen noch mehr. Man hat dann gewisse Einschränkungen, die einem vielleicht nicht schwerfallen, aber der Lebensstandard ist doch irgendwie geschmälert.« (25 Jahre, halbtags im elterlichen Betrieb beschäftigt mit 4jähriger Tochter)

Frau Jaumann hat sich schon fast gegen ein zweites Kind entschieden: »Ja, generell möchte ich schon noch ein zweites Kind. Aber wenn ich mir vorstelle, daß es unter Umständen krank sein könnte oder vielleicht behindert, dann sage ich mir wieder, dann ist eins besser als noch so ein Kind.« Frau Jaumann hält dieses Argument aber auch selbst nicht für besonders stichhaltig. Wesentlicher ist: »Na ja – wahrscheinlich müßte ich mit der Arbeit aufhören, wenn ich noch ein Kind hätte. Wahrscheinlich – ich weiß es nicht genau. Vielleicht ginge es auch. Wenn wir ein zweites Kind kriegen und es geht nicht anders, dann werde ich aufhören. Na ja – oder zumindest eine Pause einlegen. Aber das ist so eine Sache. Nachher kriegt man bestimmt nicht wieder das gleiche. Und bevor ich was schlechteres mache ...« (28 Jahre als, halbtags als Schreibkraft beschäftigt mit 4jähriger Tochter) (aus: Urdze und Rerrich 1981, S. 83)

Tabelle 5. Gründe für oder gegen weitere Kinder (nach Urdze und Rerrich 1981).

Gründe für weitere Kinder	Gründe gegen weitere Kinder
Kinder und Familie besitzen zentralen Stellenwert	Kinder und Familie haben einen weniger zentralen Stellenwert
eigene gute Erfahrungen mit Geschwistern in der Kindheit	schlechte Erfahrungen mit eigenen Geschwistern
soziales Netzwerk (Bezugspersonen für Kinderbetreuung)	eingeschränktes soziales Netzwerk (Kinderbetreuung nicht organisierbar)
günstige Wohnsituation (Kinderzimmer)	ungünstige Wohnsituation (kleine Wohnung)
Wohnlage (ländlich, Vorort, Spielgelegenheiten)	ungünstige Wohnlage (Großstadt, keine Spielgelegenheiten, verkehrsreich)
Partner will weitere Kinder	Partner ist gegen weitere Kinder
Druck von Bezugspersonen	kein Drängen von Bezugspersonen
günstige finanzielle Situation	beengte finanzielle Verhältnisse
Beruf kann weiter ausgeübt werden	Beruf müßte aufgegeben werden
Erziehung läuft besser bei zwei (oder mehreren) Kindern	kein Erziehungsmanko für Einzelkinder
Berufstätigkeit ist weniger wichtig	Berufstätigkeit ist mittelpunkthaft
Kinder sind nicht belastend, sondern Bereicherung	weiteres Kind bedeutet Belastung und zusätzlichen Streß
Angebundenheit wird nicht erlebt	größere Angebundenheit und Abhängigkeit
Unbequemlichkeit wird gern in Kauf genommen	Bequemlichkeit
man erlebt sich nicht als isoliert	man fühlt sich schon mit einem Kind isoliert

Berufstätige Mütter, die sich eindeutig gegen ein weiteres Kind entschieden haben, hatten mehrheitlich eine zufriedenstellende Lösung in bezug auf Berufstätigkeit und Kinderbetreuung gefunden und waren durchweg nicht bereit, erneut, die von ihnen negativ bewertete Situation als »Nur-Hausfrau«, wenn auch nur vorübergehend, noch einmal in Kauf zu nehmen. Ein Verzicht auf ihre berufliche Tätigkeit kam für sie nicht mehr in Frage, auch wenn sie es prinzipiell durchaus begrüßen würden, wenn ihr Kind nicht als Einzelkind aufwachsen müßte. Gelegentlich wurde zusätzlich erwähnt, daß sie sich der nochmaligen Belastung durch Schwangerschaft und Kleinkindversorgung nicht mehr gewachsen fühlten.

In Tabelle 5 ist zusammengestellt worden, welche Gründe überhaupt für oder gegen weitere Kinder in den Intensivinterviews genannt wurden.

Die Ergebnisse belegen weiter, daß insbesondere die Gesamtzufriedenheit mit der aktuellen Lebenssituation grundlegend für den Wunsch nach einem weiteren Kind ist. Um von hoher Gesamtzufriedenheit sprechen zu können, müssen natürlich eine ganze Reihe von Bedingungen erfüllt sein: zum Kind muß eine gute Beziehung aufgebaut worden sein, mit dem Partner (und sonstigen Bezugspersonen) muß man sich verständigt haben, mit der eigenen Lage (als Nur-Hausfrau bzw. berufstätige Mutter) sich angefreundet haben, die äußeren Bedingungen (Finanzen, Betreuung, Wohnung) müssen geebnet worden sein, gegebenenfalls muß eine Umorientierung stattgefunden haben, was den Stellenwert von Kindern im eigenen Leben betrifft.

Frau Baader: »Naja – ein Kind will ich schon noch, aber jetzt haben wir keinen Platz hier, aber später vielleicht einmal. Ich verschiebe das immer auf später mal. Im Moment – nein. Man wird ja auch so bequem. Jetzt kann die Sabine schon zum Skifahren mit, jetzt kann man sie überall mitnehmen.« (Und wenn Sie ein zweites Kind bekommen wollen, wann soll es zur Welt kommen?) »Ich habe mir vorgestellt, daß Sabine vielleicht so acht ist. Da haben die Kinder dann doch mehr Verständnis und schon so eine Art Muttergefühl und wollen das Kleine bemuttern. Und ich finde das ganz nett.« (29 Jahre, als Photographin halbtags beschäftigt mit 5jähriger Tochter)

Herr Hahnzog möchte ein weiteres Kind, Frau Hahnzog »nicht unbedingt«. Sie sagt: »Wenn es gar nicht mehr anders geht, wenn mein Mann mit dem Drängen gar nicht aufhört. Wenn es irgendwie problematisch werden würde und er sagen würde: »Ich will unbedingt ein Kind«, und es würde dadurch die Ehe zerrüttet – dann schon. Aber ansonsten – momentan möchte ich keins. Ich bin ausgelastes mit meinem Kleinen. Es ist schon eine Aufgabe, so ein Kind großzuziehen. Vielleicht kann ich dann doch nächstes Jahr mitarbeiten und dann – dann sagt mein Mann: »Du bist jetzt auch daheim, und dann kommen wir auch durch«. (26 Jahre, ehemalige Hilfslaborantin, verheiratet mit einem Facharbeiter, 3jähriger Sohn) (aus: Urdze und Rerrich 1981, S. 83)

Deutlich wird damit auch, daß es letztlich die persönliche Wahrnehmung der jeweils gegebenen sozialen und ökonomischen Verhältnisse ist und nicht die objektive Situation, welche den Kinderwunsch formt. Entscheidend ist also z. B. nicht das faktische Einkommen der Familie, sondern wie man die finanzielle Lage persönlich einschätzt.

Abb. 9. Väter wollen öfter noch ein zweites Kind.

Das Ideal der Zwei-Kind-Familie

Die Ergebnisse untermauern, daß das Ideal der Zwei-Kind-Familie nach wie vor Gültigkeit besitzt. Auch die Mehrheit der Ehemänner aller Befragten scheint diese Norm, daß eine normale, glückliche Familie aus Vater, Mutter und mindestens zwei Kindern bestehen muß, verinnerlicht zu haben. Wenn sich Ehemänner gegen ein weiteres Kind entscheiden, führen sie zumeist die äußeren Lebensumstände an (Wohnungssituation, begrenzte finanzielle Mittel, Streß und nervliche Belastung), die für sie den Ausschlag geben.

Nicht auszuschließen war, daß eine ganze Reihe der befragten Frauen, die sich bereits gegen ein weiteres Kind entschieden hatte oder noch unentschieden war, später doch noch schwanger geworden ist. Besonders in ländlichen Gebieten war und ist der Informationsstand über die verschiedenen Möglichkeiten der Empfängnisverhütung ungenügend und für viele Frauen wäre der Abbruch einer ungewollten Schwangerschaft nicht in Frage gekommen.

Veränderungen in den letzten 15 Jahren

Bei einer kritischen Würdigung der Ergebnisse der Untersuchungen von Urdze und Rerrich muß auch in Erwägung gezogen werden, daß in den letzten eineinhalb Jahrzehnten weitere Veränderungen stattgefunden haben, welche die Gegebenheiten für berufstätige Mütter nicht gerade verbesserten:

Einstellungswandel bei Frauen und Männern

Die Gruppe der Frauen mit schwerpunktmäßig familienorientierter Einstellung ist kleiner geworden. Immer mehr Frauen möchten beides: Mutter sein und einen Beruf ausüben. Auch die Gruppe der Männer, die von ihren Frauen nach der Heirat erwarten, daß sie ihre Berufstätigkeit aufgeben oder zumindest unterbrechen und sich nur noch den Haushalt und die Kinder kümmern, ist kleiner geworden. Das Leitbild der Frau, die es schafft Beruf und Familie/Mutterschaft miteinander zu koordinieren, hat zunehmend an Anziehungskraft gewonnen.

Veränderung der gesellschaftlichen Bedingungen?

Familienpolitische Maßnahmen haben wenig bewirkt. Im Gegenteil: die Erwartungen und Bedürfnisse der berufstätigen Mütter mit kleinen Kindern wurden von der Stadt- und Verkehrsplanung, der Bildungs- und Arbeitsmarktpolitik bis heute nur unzureichend berücksichtigt.

Konsequenterweise entscheidet sich die Mehrheit der Frauen unter den gegenwärtigen gesellschaftlichen Bedingungen *für ein Kind*, aber gegen ein weiteres, denn mit zwei oder mehr Kindern lassen sich Beruf *und* Familie faktisch wesentlich schwerer vereinbaren als mit »nur«

einem Kind. Angesichts dieser Situation werden nicht nur in feministischen Kreisen immer häufiger Forderungen nach einer »menschlicheren Gesellschaft« laut, ein Gesellschaft, in der die typisch weiblichen Werte stärkeres Gewicht bekommen, »in der Kindererziehung nicht abgeschoben wird als individuelles Problem jeder Frau, sondern in der die Sorge für Kinder und ihr Wohlergehen eine allgemeine öffentliche Priorität ist«. (Beck-Gernsheim 1985, S. 173).

Die Väter

Den Vätern von Einzelkindern ist in der Forschung nur wenig Aufmerksamkeit gewidmet worden. In vielen älteren Untersuchungen, in denen von »den Eltern« geredet wird, wurden lediglich die Mütter befragt. Auch in den meisten neueren Arbeiten werden in der Regel Informationen über die Väter durch Befragung der Mütter gewonnen. Die Sichtweise und der Standpunkt der Väter zu vielen, das Kind betreffenden Angelegenheiten kann also lediglich erschlossen und rekonstruiert werden aus den Angaben, die von den Müttern zur Verfügung gestellt werden. Wenn die Väter selbst einmal einbezogen werden, was sehr selten passiert, legt man ihnen im allgemeinen nur einige wenige Fragen am Anfang des »Elterninterviews« vor.

Verhalten der »neuen Väter«

In der Datenerhebung spiegelt sich die klassische Rollenverteilung wieder, die nach wie vor in sehr vielen Partnerschaften und Familien praktiziert wird. Die Mütter sind in der Hauptsache für die Kinder zuständig. Auch

Abb. 10. Auch für die »neuen Väter« gilt, daß sie sich meist nur im Rahmen von spielerischen Aktivitäten mit ihren Kindern beschäftigen.

für die »neuen Väter«, von denen in den letzten Jahren zunehmend die Rede ist, gilt, daß sie sich zwar durchschnittlich länger mit ihren Kindern beschäftigen, jedoch meist nur im Rahmen von spielerischen Aktivitäten und gemeinsamen Unternehmungen. Die Mehrzahl aller Verrichtungen, die der Versorgung der Kinder dienen, fällt immer noch in die Zuständigkeit der Mütter. Sie übernehmen im Durchschnitt drei Viertel der Betreuungs- und Versorgungsaufgaben, die »neuen Väter« – gleichgültig, ob ein oder mehrere Kinder in der Familie leben – im günstigen Falle ein Viertel. Was haushaltsbezogene Tätigkeiten, wie Putzen, Waschen, Kochen, Einkaufen usw.,

Tabelle 6. Einstellungen von Männern zur Berufstätigkeit ihrer Frau.

Ungefähre prozentuale Häufigkeiten (gemittelt über mehrere Erhebungen). Vorgelegt wurde z.B. die Frage: Wie stehen Sie zum Berufswunsch bzw. zur Berufstätigkeit Ihrer Frau?

ca. 50 %	Ich bin uneingeschränkt dafür, daß meine Frau berufstätig ist bzw. wieder wird.
ca. 20 %	Ich lehne die gegenwärtige oder beabsichtigte Berufstätigkeit meiner Frau ab, weil dadurch Kind und/oder Haushalt vernachlässigt werden.
weniger als 10 %	Ich lehne die gegenwärtige oder beabsichtigte Berufstätigkeit meiner Frau ab, weil eine Frau ins Haus gehört.
knapp 20 %	Ich akzeptiere die gegenwärtige oder beabsichtigte Berufstätigkeit meiner Frau nur, weil sie finanzielle Vorteile bringt.
knapp 5 %	Mir ist es egal, ob meine Frau berufstätig ist bzw. wieder werden will.

angeht, so ergibt sich für die (Ehe-) Partner, auch wenn beide berufstätig sind, eine noch ungleichere Verteilung. Berichtet werden Prozentsätze zwischen 10 und 20 für die männliche Beteiligung an Haushaltsaufgaben. Natürlich variieren diese Zahlen in Abhängigkeit vom untersuchten Familientyp. Angenommen werden kann, daß in Partnerschaften, in denen die Frauen auch an einer eigenen beruflichen Karriere und sinnerfüllten Arbeit interessiert sind, die Männer nicht umhin können, sich etwas mehr an Haushaltsverrichtungen zu beteiligen und sich auch häufiger und intensiver um das Kind/die Kinder zu kümmern.

Die Einstellungen von Männern zur Berufstätigkeit ihrer Frauen haben sich im Verlauf der letzten Jahrzehnte beträchtlich gewandelt. In jüngerer Zeit durchgeführte Erhebungen dokumentieren, daß immer mehr Männer der Berufstätigkeit ihrer Frauen, auch wenn Kinder vorhanden sind, positiv gegenüberstehen (Tabelle 6).

Über zwei Drittel der Befragten ist für eine Berufstätigkeit ihrer Frauen, nur ein knappes Drittel spricht sich dagegen aus, die Mehrheit davon mit der Begründung, daß dadurch Kinder oder Haushalt vernachlässigt werden könnten; eine Minderheit (10 %) lehnt weibliche Berufstätigkeit kategorisch ab.

Väter von Einzelkindern

In einer Studie von Katz und Boswell (1984) wurden die Väter von männlichen und weiblichen Einzelkindern mit den Vätern von Geschwisterkindern verglichen, und zwar im Hinblick auf Selbsteinschätzungen, die mit Hilfe einer vorgegebenen Liste von Persönlichkeitsmerkmalen vorgenommen wurden. Die Liste bestand aus einer Reihe von »typisch weiblichen« Eigenschaften (anhänglich, anpassungsfähig, fürsorglich, gefühlsbetont, nachgiebig) und einer weiteren Reihe »typisch männlicher« Eigenschaften (dominant, durchsetzungsfähig, energisch, kraftvoll, verstandesbetont), anhand derer die Selbstbeurteilung erfolgte. Väter von Einzelkind-Jungen im Grundschulalter nahmen dabei die mit Abstand »männlichsten« Selbsteinschätzungen vor und erhielten die höchsten aufsummierten Maskulinitätswerte. Väter von Einzelkind-Mädchen waren in ihren Selbstbeurteilungen demgegenüber deutlich weniger stark an männlichen Attributen orientiert. Auch bei der geschlechtsspezifischen Zuordnung von auf Listen vorgegebenen Spielen, Spielmaterialien und Spielzeugarten verhielt sich die Gruppe der Väter von Einzelkind-Jungen am deutlichsten rollenkonform: Sie wählte für ihre Söhne nur die dem Geschlecht angemessenen Spiele und Spielmaterialien aus

Abb. 11. »Papa und ich.«

und lehnte Mädchenspielzeug strikt ab. Im Vergleich dazu zeigten Väter von Einzelkind-Mädchen erheblich mehr Toleranz und waren durchaus bereit, für ihre Töchter auch typisches Jungenspielzeug zu akzeptieren.

Über die Hintergründe der überraschenden Tatsache, daß sich die Geburt eines männlichen Einzelkindes auf Väter ganz anders auswirkt als die Geburt einer Einzeltochter, kann nur spekuliert werden. Wissenschaftliche Belege dafür, daß die folgende Interpretation zutrifft, gibt es noch nicht:

Die Geburt eines Sohnes dürfte bei vielen Männern in der Regel dazu führen, daß sie sich in ihrer männlichen Identität bestärkt fühlen, ihre eigenen männlichen Persönlichkeitsanteile stärker betonen und – in vorbildhafter Weise für das Kind – auch ausleben wollen. Sie spüren die Verantwortung, die ihnen als Geschlechtsgenossen obliegt und bemühen sich, ihrem Nachwuchs in klarer und eindeutiger Weise zu zeigen, wie Jungen nun einmal zu sein haben. Daß sie sich selbst dabei vor allem orientieren an traditionellen männlichen Geschlechtsrollenmerkmalen, dürfte ihnen wohl nur selten zu Bewußtsein kommen. Sie greifen bei der Ausübung ihrer Vaterrolle zurück auf das Bewährte, auf Maßstäbe, Werte und Verhaltensweisen, die sie in ihrer eigenen Kindheit und Jugend erlernt und erworben haben. Ausschlaggebend ist, daß sie sich in ihrer eigenen Männlichkeit gefordert sehen und alles tun, um ihren Söhnen ein gutes Vorbild zu sein.

Bei Vätern, denen ein einzelnes Mädchen geboren wird, spielen sich dagegen ganz andere Prozesse ab (besonders dann, wenn sie sich mit ihrer Partnerin schon weitgehend darüber geeinigt haben, daß es kein weiteres Kind geben soll): Sie fühlen sich nicht genötigt als männliches Vorbild zu agieren, sondern können sich im Gegenteil und nach individueller Lust und Laune auch einmal »unmännliches«, einfühlsames oder zärtliches Verhalten erlauben. Sie müssen keine männlichen Rituale ausführen und keine musterhafte Rolle übernehmen, sondern können ganz entspannt und gelassen abwarten und zuschauen, wie sich Mutter und Tochter auseinandersetzen und miteinander umgehen. Wenn sie wollen und ihnen daran liegt, können sie ihrer Tochter auch Dinge beibringen, die Mädchen nicht unbedingt zu wissen brauchen, weil sie eigentlich eher »Männerangelegenheiten« sind und z. B. technisches oder naturwissenschaftliches Verständnis voraussetzen.

Ob und in welchem Umfang die vorangehende Deutung zutrifft, und ob sie auch übertragen werden kann auf andere Länder und andere gesellschaftliche Verhältnisse, z. B. auf das Verhalten und Erleben von Einzelkind-Vätern in Deutschland, muß dahingestellt bleiben. Sie erscheint jedoch so plausibel und psychologisch nachvollziehbar, daß sie zumindest im Auge behalten werden sollte.

Welche Rolle spielen die (zukünftigen) Väter bei der Entscheidung für oder gegen ein Kind?

Eine beträchtliche, aber immer noch nicht hinreichend geklärte Rolle – so lautet, auf den Punkt gebracht, die Antwort auf diese Frage, die natürlich einer Erläuterung bedarf.

Daß das Alter der Partner und die Dauer ihrer Beziehung (bzw. der Ehe) eine wichtige Rolle beim Entscheidungsprozeß für oder gegen ein Kind spielen, braucht nicht weiter problematisiert werden. In einer Untersuchung von Schneewind und Mitarbeitern (vgl. Backmund, Vierzigmann, Sierwald und Schneewind, 1992) finden sich dazu nähere Angaben. Die Frauen sind durchschnittlich 24,2 Jahre alt, die Männer 26,0 Jahre alt, wenn sie sich darüber einig geworden sind, irgendwann später einmal Kinder zu bekommen. Für diese Phase einer Partnerschaft ist charakteristisch, daß sich die (Ehe-) Paare im allgemeinen ökonomisch noch nicht in gesicherten Verhältnissen erleben, sich teilweise auch noch in der Ausbildung befinden. Allmählich entwickelt sich ein mehr oder weniger konkreter Kinderwunsch (Durchschnittsalter der Frauen 25,9 Jahre, der Männer 27,9 Jahre). Wenn die Frauen dann schließlich ein Kind bekommen, sind in der Regel eineinhalb bis zwei weitere Jahre verstrichen. Schneewind und Mitarbeiter bezogen in ihre Untersuchung zwei weitere Untergruppen von Partnerschaften ein: unentschiedene Paare, die sich nicht sicher oder nicht einig sind, ob sie ein Kind wollen oder nicht und Paare, die kein Kind haben wollen. Die letztgenannte Gruppe fällt zahlenmäßig relativ klein aus, was auch in einer Repräsentativerhebung von Vaskovics und Mitarbeitern (vgl. Vaskovics et al. 1991) bestätigt wurde.

Festhalten läßt sich, daß sich auch in neueren Untersuchungen keine genaueren Hinweise darauf finden, welcher Stellenwert den Argumenten der Männer beim Zustandekommen der Entscheidung für oder gegen ein Kind beizumessen ist. Beim derzeitigen Kenntnisstand ist nach wie vor unklar, ob sich die Männer beispielsweise häufiger mit ihrer Auffassung durchsetzen oder nicht, ob sie häufiger die Pro- oder häufiger die Contra-Position vertreten oder ob sie häufiger ihre Meinung ändern oder nicht.

Warum werden bei uns immer weniger Kinder geboren?

Zunehmende Industrialisierung, Technologisierung und Verstädterung bringen gleichsam automatisch eine Abnahme der Geburtenquote mit sich: Zunächst wurden durch den Ausbau von Industrien immer mehr Arbeitsplätze geschaffen, die zunehmend auch von Frauen besetzt wurden. Dadurch konnte nun mehr produziert, ein immer breiteres Angebot an Verbrauchsgütern hergestellt werden und es kam zu einem immer größeren Konsum und zu einer sukzessiven Erhöhung des Lebensstandards. Gleichzeitig veränderte sich das Verhältnis der Geschlechter zueinander allmählich. Frauen standen immer öfter als Berufskollegen »ihren Mann«. Männer sahen sich genötigt, Frauen zunehmend als gleichberechtigte Partnerinnen am Arbeitsplatz zu akzeptieren. Auch im privaten, zwischenmenschlichen und familialen Bereich setzten sich diese Emanzipationsprozesse (aus Sicht der Frauen) fort. Besonders die berufstätigen Ehefrauen waren zunehmend weniger bereit, sich den Entscheidungen ihrer Männer – wie es in vergangenen Generationen üblich war – unterzuordnen. Sie forderten und erreichten immer mehr Mitbestimmung an allen wichtigen Entscheidungen des Lebens. Frauendiskriminierende Rechtsnormen in vielen wichtigen Bereichen, am Arbeitsplatz, in der Berufsaus- und Fortbildung, in familienbezogenen Angelegenheiten, Scheidung, Versorgung, Lastenausgleich, in der Renten- und Sozialversicherung usw., wurden überarbeitet und neu formuliert. Auf der einen Seite ist es sicherlich das veränderte, auch gesetzlich festgeschriebene, partnerschaftlichere Verhältnis der Geschlechter zueinander. Auf der anderen Seite sind es natürlich auch die gewandelten Werte – individuumsbezogene Werte, wie Selbstbestimmung und Selbstverwirklichung, persönliches Ansehen, Leistung, Glück und Erfolg, haben traditionellen gemeinschaftsbezogenen Werten (Volk, Sippe, Gruppe, Familie) den Rang abgelaufen. Beide Ursachenbereiche tragen dazu bei, daß heutzutage immer weniger Kinder geboren werden. Auch deren Status selbst hat sich gewandelt. Sie sind aus Sicht der Eltern nicht mehr unbedingt notwendig, um den Lebensabend zu sichern, sondern sie selbst stellen oftmals eine ökonomische Belastung und – nicht selten auch – eine psychische Bürde dar. Die Eltern sind gefordert, ihnen eine angemessene Betreuung und Versorgung in der Kindheit und als Jugendliche und junge Erwachsene eine adäquate Schul- und Berufsausbildung zu ermöglichen. Eine Verantwortung, die möglicherweise besonders bedrückend gerade dann erlebt wird, wenn man sich eingebunden fühlt in Doppel- und Dreifachbelastungen (der Haushalt, der Beruf, die Partnerschaft – und die Kindererziehung).

Deutlich wird somit, daß eine ganze Reihe von Bedingungen, welche die Gesellschaft, die Partner und ihre Beziehung betreffen, sich gewandelt haben und immer noch Veränderungen unterworfen sind. Diese Tatsache ist im Auge zu behalten, wenn man sich mit der Frage befaßt, warum eigentlich immer weniger Kinder geboren werden.

Das Ausmaß der Beteiligung des Mannes an der Entscheidung für oder gegen ein Kind dürfte von Einzelfall zu Einzelfall, von Partnerschaft zu Partnerschaft variieren. Angenommen werden kann, daß in traditionellen Ehen das Wort des Mannes den Ausschlag geben sollte, in emanzipierten Beziehungen dagegen die Frau letztlich selbst »über ihren Bauch bestimmen« dürfte. Daß daneben vielen anderen Faktoren, die finanzielle Situation der Familie, ihr soziales Netz, die Flexibilität des Arbeitgebers, das Vorhandensein kindgemäßer Betreuungsmöglichkeiten außerhalb der Familie usw., gelegentlich entscheidende Bedeutung zukommt, braucht nach den vorangehenden Ausführungen nicht besonders betont werden.

Studien über Einzelkinder

Überraschenderweise wurden bis heute so gut wie keine fundierten Untersuchungen durchgeführt, in denen die einbezogenen Einzelkinder einmal selbst zu Wort gekommen sind. Zwar wurden hin und wieder Studien realisiert, in denen auch von den Kindern »Daten erhoben« worden sind, jedoch in aller Regel dadurch, daß man ihnen Fragebögen, Einschätzlisten und Beurteilungsskalen vorlegte oder Tests und andere Experimente mit ihnen veranstaltete. Direkt von den Einzelkindern, d.h. ohne Dazwischenschalten eines mehr oder weniger hochstrukturierten Erhebungsinstrumentes, wurden Informationen nur sehr selten gewonnen und in den wenigen Fällen, wo dies wirklich einmal der Fall war, kann man sich des Eindrucks nicht erwehren, daß die den Einzelkindern gestellten Fragen von traditionellen Klischees und

Vorurteilen beeinflußt waren: »Hat *man* (Hervorhebung durch den Verfasser) es als Einzelkind oder mit Geschwistern besser?« (Befragung der Zeitschrift »Eltern« von 1987). Auf eine so formulierte Frage fühlen sich Kinder wohl kaum geneigt, über die *eigenen persönlichen Erfahrungen* mit oder ohne Geschwister zu berichten, sondern wahrscheinlich eher aufgefordert wiederzugeben, als was *man* es besser hat und damit die in der Auffassung vieler Zeitgenossen immer noch existierenden Vorurteile zu wiederholen.

Für eine geplante eigene Untersuchung wurde eine andere Vorgehensweise festgelegt:

- Die Frageform ist so beschaffen, daß sich die Befragten wirklich unbefangen und ohne Rückgriff auf gängige Klischees erinnern und erzählen können, was sie wirklich erlebt haben.
- Wenn nicht sichergestellt ist, daß keine Erwünschtheitstendenzen die Antworten verfälschen, werden die möglicherweise vorliegenden Vorurteile offen angesprochen, um so zu versuchen, das Vertrauen – und damit auch die Kooperativität – der befragten Kinder und ihrer Bezugspersonen zu gewinnen.
- In einem ersten Schritt wird den Kindern Zeit gelassen, sich ohne einengende Vorgaben zu äußern, und allenfalls da nachgehakt, wo Unklarheiten bestehen bleiben oder Ergänzungen und Erläuterungen wünschenswert sind.
- Erst nach Durchführung einer ganzen Reihe einzelfallorientierter Intensivinterviews, an denen ausgewählte Kinder aus möglichst unterschiedlichen Lebensverhältnissen teilnehmen werden, wird eine strukturiertere, größere Zahl von Kindern einbeziehende Vorgehensweise praktiziert.

Um die im Rahmen einer umfassenderen, struktu-
rierten Erhebung erhaltenen Informationen zu ob-
jektivieren, werden zusätzliche Informanten (z.b.
Bezugspersonen und Angehörige der Kinder) und
Informationsquellen (z.b. Verwendung von Beobachtungsverfahren) einbezogen.

3 Einzelkinder und Geschwisterkinder im Vergleich

Die ersten Lebensjahre

Aufgrund der Tatsache, daß geschwisterlose Kinder häufiger als Geschwisterkinder in vom »Normalfall« der Kernfamilie abweichenden familialen Verhältnissen aufwachsen und auch häufiger einen strukturellen familialen Wechsel (Scheidung, Trennung, Wiederheirat usw.) miterleben, kann davon ausgegangen werden, daß sie im Durchschnitt *weniger Kontinuität* im Hinblick auf die innerhalb und außerhalb der Familie ablaufenden Betreuungsverhältnisse erfahren. Die Ergebnisse der Auswertung der Erhebung des Deutschen Jugendinstitutes untermauern diesen Sachverhalt:

Kontinuität in der Betreuung

Geschwisterlose Kinder werden mehr Stunden wöchentlich außerhalb der Familie betreut als Geschwisterkinder.

Kinder ohne Geschwister besuchen signifikant häufiger auch eine Krippe, einen Kinderladen oder eine andere Betreuungseinrichtung (z.B. eine private Kindergruppe).

▪ Sie werden signifikant häufiger als Geschwisterkinder von den Großeltern, anderen Verwandten, anderen außerfamilialen Bezugspersonen (Nachbarn, Freunde, Bekannte) oder von einer Tagesmutter betreut.

Auf der anderen Seite zeigt sich aber auch, daß es eine Untergruppe von Kindern ohne Geschwister gibt, die häufiger als Geschwisterkinder keinen Kindergarten besuchten und nur innerhalb der Familie von einer familialen Bezugsperson, meist der Mutter, betreut wird.

Eine relativ große Gruppe von geschwisterlosen Kindern, die in durchaus »normalen« Familienverhältnissen (Kernfamilien) lebt, wird in den ersten Lebensjahren zuweilen ausschließlich innerhalb der Familie betreut und unter Umständen erst recht spät oder überhaupt nicht in einen Kindergarten geschickt. Für geschwisterlose Kinder, die in vom »Normalfall« abweichenden familialen Verhältnissen leben, ist dagegen eine stärkere außerfamiliale Betreuung charakteristisch.

▪ Körperliche Unterschiede zwischen Einzelkindern und Erstgeborenen?

In einer Untersuchung von Van den Berg und Oechsli (1980) wurden physiologische und körperbezogene Unterschiede zwischen Einzelkindern und erstgeborenen Kindern ermittelt: Im Alter von fünf Jahren zeigten Einzelkinder höhere Herzschlagfrequenzen und höheren systolischen Blutdruck als erstgeborene Geschwisterkinder. Sie benötigten weniger Schlaf und ermüdeten weniger schnell als Erstgeborene. Letztere hatten seltener

Übergewicht und wurden im Hinblick auf ihr körperliches Erscheinungsbild positiver eingestuft als Einzelkinder. Eine Verallgemeinerung dieser Ergebnisse ist nicht möglich und weiterführende Interpretationen nicht sinnvoll aufgrund der Beschränktheit der Stichprobe, die von den beiden Forschern verwendet wurde.

Mütter von Einzelkindern und Erstgeborenen

Eine interessante Untersuchung wurde von Feiring und Lewis (1984) durchgeführt. Einzelkinder und erstgeborene, noch geschwisterlose Kinder wurden im Hinblick auf eine Reihe von Verhaltensmerkmalen über einen Zeitraum von dreieinhalb Jahren von ihrer Geburt an beobachtet. Auch die Mütter der Kinder wurden in die Studie einbezogen, insbesondere die Art und Weise, wie sie mit ihren Kindern umgingen. Natürlich läßt sich einwenden, daß es sich bei den von Feiring und Lewis untersuchten geschwisterlosen Kindern nicht um wirkliche Einzelkinder handelt, denn die Geburt eines Geschwisters nach z.B. 4 oder 5 Jahren wurde nicht kontrolliert. Die von den beiden Autoren aufgezeigten Ergebnisse sind teilweise überraschend: In den ersten drei Lebensmonaten schreien Einzelkinder viel häufiger und lächeln deutlich seltener als erstgeborene Kinder, welche sich insgesamt als deutlich »pflegeleichter« und besser handhabbar in diesem ersten Lebensabschnitt erweisen.

Mütter der Einzelkinder berühren ihr Kind öfter, nehmen es häufiger hoch, schaukeln und wiegen es, küssen es, spielen mit ihm, schauen es an, sprechen zu ihm und baden es öfter, reden aber auch häufiger mit anderen Personen, lesen mehr und schauen sich häufiger Fernsehsendungen an, Mütter von Erstgeborenen füttern ihre Kinder häufiger.

Zusammenfassend zeigte sich, daß während der ersten Lebensmonate Mütter von Einzelkindern insgesamt mehr Körperkontakt und auch häufiger Blick- und Kommunikationskontakte mit ihren Kindern haben. Möglicherweise läßt sich dieser Umstand darauf zurückführen, daß Einzelkinder »anspruchsvoller« sind: sie schreien mehr und lächeln seltener, zeigen weniger Spielverhalten als erstgeborene Kinder. Ihre Mütter reagieren vielleicht auch bereitwilliger auf diese Ansprüche als Mütter von erstgeborenen Kindern und bekräftigen so das Verhalten ihrer Einzelkinder.

Im Alter von zwölf Monaten sind die Unterschiede zwischen Einzelkindern und Erstgeborenen nahzu verschwunden. Unterschiede zeigen sich jedoch noch im Hinblick auf das mütterliche Verhalten: Einzelkind-Mütter haben insgesamt mehr Körperkontakt mit ihren Kindern und spielen auch mehr mit ihnen als Mütter von Erstgeborenen.

Im Alter von zwei Jahren zeigen sich nur geringfügige Unterschiede zwischen Einzelkindern und Erstgeborenen: bei letzteren sind mehr Gesten und Gebärden (gestikulierendes Verhalten) zu beobachten, während Einzelkinder, angeregt von ihren Müttern, länger und intensiver mit Spielzeug spielen.

Bei Einzelkind-Müttern sind häufiger Anerkennungen und Zustimmungen zu registrieren. Sie schauen ihren Kindern auch häufiger zu und loben sie, wenn diese sich mit Spielzeug beschäftigen.

Soziale Kontakte von Einzelkindern und Erstgeborenen

Feiring und Lewis konnten auch nachweisen, daß sich die sozialen Kontakte von dreijährigen Einzelkindern und Erstgeborenen deutlich unterscheiden: Einzelkinder haben im Durchschnitt nur mit 22 Personen, Erstgeborene mit 29 Personen Kontakt. Einzelkinder haben jedoch pro Tag häufiger Kontakt mit ihren Bezugspersonen als Erstgeborene. Sie haben täglich mit ungefähr sechs Personen Kontakt, Erstgeborene dagegen nur mit ungefähr vier Personen, das heißt also, daß *Einzelkinder mit insgesamt weniger Personen (als Erstgeborene) intensiveren Kontakt haben.*

Unregelmäßigkeiten in der Entwicklung bei geschwisterlosen Kindern

In der Entwicklung von Einzelkindern zeigen sich in den ersten drei Lebensjahren mehr Unregelmäßigkeiten und Diskontinuitäten, z.B. im Spielverhalten und im Hinblick auf soziale Kompetenzen und motorische Fertigkeiten. Einen hohen Stellenwert in ihrer Entwicklung hat das mütterliche Verhalten: Je sensibler die Mütter auf ihre Kinder reagieren, um so kompetenter entwickeln sich diese in den meisten Verhaltensbereichen. Erstgeborene entwickeln sich vergleichsweise kontinuierlicher, sie sind aus Sicht der beurteilenden Forscher sozusagen etwas pflegeleichter, mütterliche Interventionen sind seltener erforderlich und haben eine etwas geringere Bedeutung für die weitere Entwicklung.

Aus der Sicht des außenstehenden Beobachters betrachtet, entwickeln sich Einzelkinder und Erstgeborene in den ersten drei Lebensjahren ganz ähnlich; mit der

Geburt eines Geschwisters bilden sich dann – teilweise aber auch nur vorübergehend – etwas markantere Unterschiede heraus: Die Sicherheit der Bindung zwischen Mutter und erstgeborenem Kind wird möglicherweise etwas beeinträchtigt, Einbrüche in der Verhaltensentwicklung des Erstgeborenen sind zu registrieren und auch im mütterlichen Verhalten kommt es zu Unzulänglichkeiten und Verzögerungen. Beim Einzelkind sind derartige Diskontinuitäten in der Entwicklung, die aus der Geburt eines weiteren Geschwisters resultieren, natürlich nicht zu verzeichnen.

Aufgeworfen werden kann im Anschluß an die Feiring und Lewis-Untersuchung die Frage, ob die Tatsache, daß ein Kind sich als weniger pflegeleicht in seinen ersten Lebensjahren erweist, dazu beitragen kann, daß die belastete Mutter kein weiteres Kind mehr will.

▨ Das Schulalter

Kinder ohne Geschwister halten sich im Schulalter nachmittags wesentlich häufiger als Geschwisterkinder entweder im Schulhort oder in anderen Betreuungseinrichtungen oder bei den Großeltern, bei anderen Verwandten oder bei Freunden/Bekannten auf. Häufiger als Geschwisterkinder sind geschwisterlose Kinder am Nachmittag auch ganz ohne Beaufsichtigung/Betreuung. Besonders für Kinder ohne Geschwister, deren Eltern beide berufstätig sind oder die nicht in Kernfamilien, sondern in anderen familialen Verhältnissen leben, wechselt die nachmittägliche Betreuungsform deutlich häufiger als bei Geschwisterkindern.

Kinder ohne Geschwister werden auch häufiger als Geschwisterkinder im Schulalter mit der Trennung, Scheidung und Wiederheirat ihrer Eltern konfrontiert.

86

In diesem Zusammenhang stellt sich die Frage, ob die stärkeren Veränderungen, mit denen es Kinder ohne Geschwister häufiger als Geschwisterkinder zu tun haben, eher als positive oder eher als negative Entwicklungseinflüsse einzuschätzen sind. Möglicherweise erwerben geschwisterlose Kinder in ihrer durch häufigeren Wechsel charakterisierten Sozialisationsumwelt in besonderem Maße Flexibilität und Anpassungsfähigkeiten, die ihnen in ihrem weiteren Werdegang gerade in zwischenmenschlicher Hinsicht nützlich sein können.

Weitere vergleichende Daten über die Entwicklung von Kindern mit bzw. ohne Geschwister auf dieser Altersstufe ausfindig zu machen, fällt schwer. Die meisten Untersuchungen beschäftigen sich nicht mit Entwicklungsverläufen, sondern greifen einzelne inhaltliche Aspekte des Werdegangs (von Einzel- bzw. Geschwisterkindern) heraus und betrachten deren Veränderung während dieses Lebensabschnitts.

Schulabschluß

Amerikanische Studien belegen, daß Einzelkinder häufiger einen qualifizierteren Schulabschluß erreichen und seltener eine Klassenstufe wiederholen müssen als Geschwisterkinder (Claudy 1984). Sicherlich kann dieses Faktum damit in Verbindung gebracht werden, daß Kinder ohne Geschwister im Durchschnitt, sieht man von einigen Untergruppen (junge, ledige Mütter; Studentenehen) ab, sich der ungeteilten Zuwendung ihrer Eltern (oder zumindest eines Elternteils) erfreuen können. Allerdings gibt es auch Anhaltspunkte dafür, daß Einzelkinder häufiger mit Wohnortwechseln konfrontiert werden, die einen Schulwechsel mit sich bringen.

Naheliegend, aber nur sporadisch durch Untersuchungsergebnisse belegt, ist die Annahme, daß (insbesondere weibliche) Einzelkinder durch ihre eher liberal und weniger konventionell orientierten Eltern (vgl. S. 119) besonders in ihrer intellektuellen Entwicklung gefördert werden. Sie könnten dadurch auch ein offeneres, unkonventionelleres Geschlechtsrollenverhalten ausbilden und im Hinblick auf ihre gesellschaftlichen und zwischenmenschlichen Einstellungen eine flexible und tolerante Grundhaltung bevorzugen.

Beruflicher und privater Werdegang

Auch über die weiteren Entwicklungsabschnitte im Leben von Einzelkindern gibt es nur wenig erfahrungswissenschaftlich untermauertes Datenmaterial.

Freizeitaktivitäten

Einige Beiträge dazu, die teilweise nur mit Einschränkung auf die Verhältnisse in der Bundesrepublik Deutschland übertragen werden können, finden sich in dem von Toni Falbo herausgegebenen Sammelband »Die Ein-Kind-Familie«, der Mitte der achtziger Jahre in den USA veröffentlicht wurde: Nach einer repräsentativen Erhebung von John G. Claudy (»Das Einzelkind als junger Erwachsener«) entwickeln ältere Jugendliche ohne Geschwister stärkere Vorlieben für naturwissenschaftliche Disziplinen, Musik, Computer und Literatur. Ältere Jugendliche mit Geschwistern interessieren sich demgegenüber mehr für Sport, Angeln und Jagen, technische und mechanische Verrichtungen, Büro- und Industrietä-

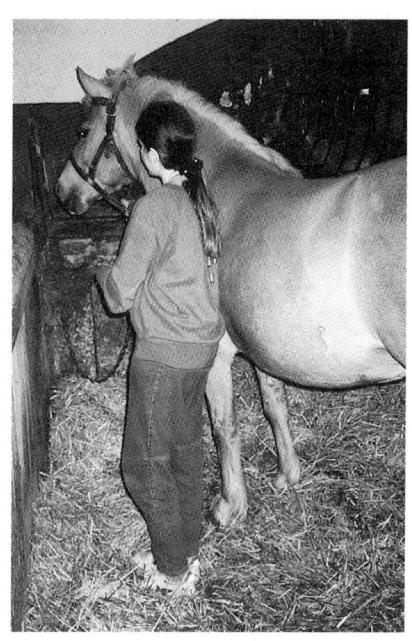

Abb. 12. Tiere pflegen und versorgen: eine beliebte Beschäftigung von jugendlichen Einzelkindern.

tigkeiten. Diese Unterschiede ergaben sich auch bei Kontrolle der sozio-ökonomischen Herkunft, das heißt sie wurden für Jugendliche der Unter-, Mittel- und Oberschicht gleichermaßen nachgewiesen.

In sozial-zwischenmenschlicher Hinsicht zeigen Jugendliche mit Geschwistern in diesem Alter insgesamt etwas mehr Engagement. Sie treffen durchschnittlich etwas häufiger als geschwisterlose Jugendliche Verabredungen mit ungefähr gleichaltrigen Freunden (beiderlei Geschlechts).

Die Freizeitaktivitäten sind in Tabelle 7 zusammengestellt.

Tabelle 7. Freizeitaktivitäten von Jugendlichen mit und ohne Geschwister in den USA (nach Claudy 1984).

Jugendliche *ohne* Geschwister führen die folgenden Freizeitaktivitäten häufiger aus als Jugendliche mit Geschwistern:	Jugendliche *mit* Geschwistern führen die folgenden Freizeitaktivitäten häufiger aus als Jugendliche ohne Geschwister:
1. Aktivitäten außerhalb des Lehrplans (der Highschool)	1. Sport
2. Lesen	2. Führungsrollen im Highschool-Bereich
3. Sammeln (z.B. Briefmarken, Münzen usw.)	3. Baseball, Basketball und andere Gruppensportaktivitäten
4. Aktivitäten in Freizeitclubs	4. Jagen und Fischen
5. (Haus-) Tiere aufziehen und versorgen	5. Mit Holz arbeiten
6. Singen, Tanzen, Schauspielern	6. Kochen
7. Musizieren	7. Schmuck anfertigen, Töpfern
8. Photographieren	8. Beschäftigungen mit Elektrik/Elektronik

Aus Sicht von Claudy, der diese Ergebnisse interpretiert, neigen Jugendliche ohne Geschwister stärker zu Vorlieben in einzelgängerischen, intellektuellen und musischen Bereichen; Jugendliche mit Geschwistern haben demgegenüber ausgeprägtere Interessen an gruppenbezogenen und praktischen Beschäftigungen.

Bekommen Einzelkinder selbst auch wieder nur ein Kind?

In vergangenen Jahrzehnten, als ohne Geschwister aufzuwachsen noch eine seltene Ausnahme war, haben sich Einzelkinder in ihrem generativen Verhalten von

Personen mit Geschwistern unterschieden. Die Überlegung, daß die in der Herkunftsfamilie – mit oder ohne Geschwister – gemachten Erfahrungen übertragen werden auf die spätere eigene Familie und dort nach Möglichkeit gesucht und wiederhergestellt werden, besitzt nach wie vor gewisse Plausibilität. Heute scheint jedoch der allgemeine Trend zur kleinen Familie und zur immer kleineren Kinderzahl in allen westlichen Industrieländern so umfassend zu sein, daß er sich in allen Bevölkerungsgruppen, unabhängig davon, welcher sozialen Schicht sie angehören und welche Familienstruktur sie aufweisen, annähernd gleich auswirkt.

In einer amerikanischen Erhebung (Groat et al. 1984) wurden im Hinblick auf eine Reihe von einkommens- und berufsbezogenen Merkmalen keine Unterschiede zwischen Personen mit und ohne Geschwister ermittelt. Das ist überraschend angesichts der Tatsache, daß in vielen anderen Studien für geschwisterlose Kinder und Jugendliche durchgängig bessere Ausgangsbedingungen ermittelt wurden, was Schullaufbahn, berufliche Ausbildung, Leistungsmotivation und geplante berufliche Laufbahn anging. Erwähnt werden muß jedoch, daß Groat und Kollegen durchaus tendenzielle Unterschiede in der erwarteten Richtung gefunden haben, diese jedoch als »geringfügig« einstuften, da sie keine statistische Signifikanz erreichten. Möglicherweise sind die in anderen Studien nachgewiesenen Unterschiede jedoch im wesentlichen nur anzutreffen in den bevorzugten Untersuchungsgruppen (nichtfarbige Angehörige der mittleren und oberen Sozialschicht) und verwischen sich, wenn man repräsentative Erhebungen durchführt, d. h. auch andere Sozialschichten, ethnische Gruppen und Nationalitäten einbezieht.

Erwachsenenalter und höheres Alter

Wie es mit Einzelkindern weitergeht im Erwachsenenalter und höheren Alter ist noch nicht zum Gegenstand erfahrungswissenschaftlicher Forschung gemacht worden. Für zwei hin und wieder in der Fachliteratur anzutreffende Vermutungen, daß (1) Einzelkinder in ihren eigenen Partnerschaften Probleme haben und häufiger von Scheidung betroffen sind bzw. daß (2) Einzelkinder bevorzugt selbst wieder Einzelkinder in die Welt setzen, finden sich keine überzeugenden Belege.

Die Tatsache, daß die Forschung an erwachsenen und älteren Einzelkindern wenig Interesse zeigte, läßt sich möglicherweise damit in Verbindung bringen, daß keine besonderen Auffälligkeiten und Besonderheiten zu registrieren waren. Ausgewählte biographische Erinnerungen prominenter (und weniger bekannter) Einzelkinder, wie sie von Marion Rollin zitiert werden, unterstützen diese Vermutung. Einzelkinder sind i.a. in beruflicher und privater Hinsicht genauso gut integriert wie Erwachsene, die Geschwister haben, und sehen sich vor ganz ähnliche Entwicklungsaufgaben gestellt:

Sie müssen sich von ihren eigenen Kindern trennen, wenn diese flügge geworden sind und ihre eigenen Wege gehen.

Sie müssen sich um ihre älter und möglicherweise pflegebedürftig werdenden Eltern kümmern und diese unterstützen und gegebenenfalls versorgen.

Sie müssen lernen, endgültig Abschied zu nehmen: von den Eltern, wenn diese das Zeitliche segnen (und ihr Haushalt aufzulösen ist), vom Partner, der vor ihnen stirbt, von anderen, ihnen nahestehenden Personen.

Sie müssen sich mit der Endlichkeit des eigenen Lebens auseinandersetzen.

Gibt es Anhaltspunkte dafür, daß sich Geschwisterlosigkeit bei der Bewältigung der vorangehend aufgezählten Entwicklungsaufgaben negativ und ungünstig auswirkt? Die Befürchtung, daß es Einzelkinder als Jugendliche besonders schwer haben, sich von den Eltern abzunabeln, erweist sich als stichhaltig nur in Fällen, in denen sich die Eltern schwer tun mit dem Loslassen und Zugestehen von Distanz und Freiräumen. Ähnlich dürfte sich die Situation darstellen, wenn Einzelkinder als Erwachsene gefordert sind, ihren eigenen Kindern die Ablösung zu ermöglichen. Die Hypothek eigener Ablösungsprobleme als Jugendliche könnte sich als Bürde bemerkbar machen – sicherlich aber auch bei Erwachsenen, die mit Geschwistern aufwuchsen, wenn sie ähnlich festhaltende, überbehütende Eltern hatten!

Versorgung der Eltern

Daß mehrere Geschwister es leichter haben mit der Unterstützung und Versorgung der alten Eltern als ein Einzelkind, dem die ganze Last allein zufällt, erweist sich beim näheren Hinschauen als Fiktion. In amerikanischen Untersuchungen wurde belegt, daß in der Regel nur *ein* Geschwister, meist die älteste Schwester, die Hauptverantwortung trägt. Damit geben sich die anderen Geschwister mehr oder weniger zufrieden, jüngere Schwestern empfinden vielleicht etwas Eifersucht, doch man arrangiert sich mit dieser Situation und geht der Hauptverantwortlichen gelegentlich ein wenig zur Hand und unterstützt die alten Eltern höchstens mittelbar, z.B.

durch materielle Zuwendungen und kleine Aufmerksamkeiten.

Angesichts dieser Befunde ist der Annahme, daß Einzelkinder es schwerer haben bei der Unterstützung und Versorgung der alten Eltern als Geschwisterkinder, weil sie dabei allein und auf sich gestellt sind, mit Vorsicht zu begegnen. Es fehlen dafür fundierte Belege. Denkbar ist auch, daß viele Einzelkinder sich leichter tun, auf die Wünsche und Versorgungsbedürfnisse ihrer Eltern einzugehen, weil sie zu diesen über die Jahrzehnte hinweg eine positive ungebrochene Beziehung aufrechterhalten haben. Sie hatten – im Unterschied zu Geschwisterkindern – in Kindheit und Jugend die elterliche Zuwendung ungeteilt erfahren können, ein Fundament, das ihnen möglicherweise später zugute kommt. Zudem ist die Tatsache nicht von der Hand zu weisen, daß die Pflege und Betreuung alter Menschen immer häufiger der institutionalisierten Alten- und Krankenpflege überlassen wird. Zu überprüfen bleibt, ob es sich bei diesen – nicht von Familienangehörigen versorgten – alten Menschen statistisch häufiger um Eltern von Einzelkindern handelt. Selbst wenn dies zutreffen sollte, müßten die Beweggründe der betroffenen Kinder *und* Eltern geklärt werden. Zu fragen ist, ob die Entscheidung, ins Alten- und Pflegeheim zu gehen gemeinsam getroffen wird, oder weil sich die Kinder durch die Bürde der Elternbetreuung überfordert und über Gebühr belastet fühlen.

Einsame, alte Einzelkinder?

In Einsamkeit das Alter verbringende Einzelkinder – auch dieses Klischee dürfte einer genaueren Überprüfung nicht standhalten. Bereits mehrfach nachgewiesen wurde, daß sich die sozialen Netzwerke von Einzelkindern und Geschwisterkindern nur geringfügig unterscheiden: Einzelkinder haben etwas weniger Verwandte, Freunde und Bekannte, zu denen sie etwas intensivere Beziehungen unterhalten – so lautet auf den Punkt gebracht das wichtigste Forschungsergebnis. Zwar wurde dieser Befund nur für junge Familien nachgewiesen, doch ist nicht einzusehen, warum sich älter werdende Einzelkinder in ihrem Sozialverhalten so grundlegend ändern sollten, daß sie schließlich im Alter sozial isoliert und ohne zwischenmenschliche Kontakte dastehen.

Ebenfalls nicht einzusehen ist, daß Einzelkinder sich schwerer tun im Umgang mit dem Sterben anderer oder dem eigenen, mehr oder weniger nah bevorstehenden Tod. Dieses Thema wird in unserer Gesellschaft nach wie vor weitgehend tabuisiert. Wahrscheinlich trägt gerade das eigene Älterwerden, welches mit sich bringt, daß immer häufiger selbst erlebt wird, wie nahestehende Personen sterben, dazu bei, daß gleichsam automatisch eine mehr oder weniger intensiv verlaufende Auseinandersetzung mit der Endlichkeit des eigenen Daseins in Gang gebracht wird. Sicherlich können bei dieser Auseinandersetzung Geschwister – aber auch andere, ungefähr gleichaltrige Bezugspersonen – nützlich sein, sie müssen es aber nicht.

Zusammenfassend kann festgehalten werden, daß es mehr Hinweise dafür gibt und auch mehr Überlegungen dafür sprechen, daß sich Einzelkinder von Geschwisterkindern auch im Erwachsenenalter und höheren Alter nicht wesentlich unterscheiden. Sollten in einzelnen Fällen Unterschiede vorkommen, so hängen diese in der Regel nicht mit dem Schicksal, ohne Geschwister aufgewachsen zu sein zusammen, sondern sind zurückzuführen auf individuelle kritische Lebensereignisse, z.B. Schicksalsschläge, wie Arbeitslosigkeit, den unerwarteten Tod eines nahen Angehörigen, eine lebensbedrohende Krankheit usw.

Persönlichkeit und Verhalten

Im folgenden wird zunächst die Rede sein von früheren Untersuchungen, die z.T. schon vor einigen Jahrzehnten durchgeführt wurden und teilweise erstaunliche Ergebnisse erbrachten. Natürlich werden wir uns dabei auch mit der Frage beschäftigen, inwieweit die von manchen Forschern zutage geförderten, überraschenden Befunde über Einzelkinder wirklich tragfähig, zuverlässig und verallgemeinerbar sind.

Intelligenz

Ja – geschwisterlose Kinder sind intelligenter als Kinder, die mit zwei oder mehr Geschwistern aufwachsen! Nein – sie sind nicht so intelligent wie Kinder, die mit nur einem Geschwister groß werden. Das ist die etwas verwirrende Antwort, die in einer ganzen Reihe von Studien immer wieder bestätigt wurde. Die meisten dieser Untersuchungen wurden inspiriert von den Überlegungen des bekannten nordamerikanischen Psychologen Robert B. Zajonc, der zusammen mit seinem Kollegen G. B. Markus das »Konfluenz-Modell« zur Erklärung der Intelligenzentwicklung vorstellte.

Das Konfluenz-Modell der Intelligenzentwicklung

Zajonc nimmt an, daß sich das intellektuelle Niveau einer jeden Familie zahlenmäßig bestimmen läßt, indem man die Intelligenzquotienten aller Familienmitglieder zusammenzählt und durch die Zahl der Mitglieder teilt. Eine Familie, die aus zwei zunächst kinderlosen Elternteilen besteht, von denen jedes einen Intelligenzquotienten von 100 Punkten hat, hat vor der Geburt des ersten Kindes ein Intelligenzniveau von 100+100 dividiert durch 2 = 100 Punkte.

Jedes hinzukommende Kind trägt dazu bei, daß das Intelligenzniveau der Familie schrumpft. Das wirkt sich für die Kinder um so nachteiliger aus, je später sie in der Geschwisterreihe geboren werden.

Tutoren-Effekt:
Geschwister profitieren voneinander!

Ein größerer Altersabstand zum nächstfolgenden Geschwister wirkt sich aus zwei Gründen günstig aus. Zum einen nimmt in dem längeren Zeitabschnitt bis zur Geburt des nächsten Geschwisters das Intelligenzniveau der Familie beständig zu und davon nutznießt natürlich das bereits vorhandene Kind. Zum anderen profitiert das zweitgeborene und (mit gewisser zeitlicher Verzögerung) auch das erstgeborene Geschwister von einem »Tutoren-Effekt«. Das ältere bringt dem jüngeren Geschwister Dinge aus allen möglichen Lebensbereichen bei, die es noch nicht kennt, und erweist sich dabei oftmals als besserer Lehrmeister als erwachsene Bezugspersonen. Für die Bereiche Sprache, Spiel und Sozialverhalten wurde das mehrfach nachgewiesen.

Einige Beispiele: Jüngere Geschwister übernehmen zuweilen komplette Satzgebilde, Redewendungen und Äußerungen von ihren 2–3 Jahre älteren Geschwistern, gelegentlich auch einzelne, fehlerhafte Idiome (»igal«, »meintwegen«, »sobieso«), die sie manchmal ausdauernd und recht drollig in unpassenden Situationen verwenden.

Vielen Eltern ist die Tatsache vertraut, daß jüngere Kinder Spielregeln und das Umgehen mit unvertrautem Spielmaterial von älteren Geschwister schneller und leichter lernen als von Erwachsenen. In besonderem Maße gilt das für Brettspiele, Konstruktionsspiele und Rollenspiele.

Im Bereich Sozialverhalten können sich auch einmal umgekehrte Verhältnisse ergeben: Durch das spontane, unreflektierte Mitgefühl des jüngeren Geschwister wird die Aufmerksamkeit des älteren Geschwister auf die Notlage eines anderen Kindes gelenkt – es greift hilfreich ein und erweitert so sein prosoziales Handlungsrepertoire. Viel häufiger aber findet der Regelfall statt: Die jüngeren profitieren von den älteren Geschwistern, werden von diesen einbezogen (manchmal erst auf Drängen der Mutter), wenn die Freundin zu Besuch kommt, oder geduldet, wenn sie im Kreis der älteren Spielfreunde mit von der Partie sein wollen. Weithin bekannt ist, daß jüngere Geschwister beim Erwerb sozial-zwischenmenschlicher Kompetenzen (Telefonieren und Verabredungen treffen, zum Geburtstag einladen, jemanden um einen Gefallen bitten, ein Versprechen geben und einhalten usw.) von ihren älteren Geschwistern mehr oder weniger direkt lernen. »Tutoren-Effekte« sind in den allermeisten Geschwisterbeziehungen, besonders wenn ein günstiger Altersabstand von 2–5 Jahren vorliegt, zahlreich zu verzeichnen.

Anfänglich nützen die vielen direkten oder mittelbaren oder verdeckten Hinweise und Informationen, die das jüngere Geschwister vom älteren Geschwister erhält, dem »Schüler« mehr als dem »Lehrer«. Langfristig profitiert aber das Erstgeborene stärker von seiner Instruktions- und Unterrichtstätigkeit und erreicht ein (etwas) höheres Intelligenzniveau als das nachgeborene Geschwister. Und es übertrifft in seinem Intelligenzniveau auch Kinder, die ohne Geschwister aufwachsen, und deshalb nicht – weder aktiv als Lehrer noch passiv als Schüler – in den Genuß geschwisterlicher Tutoren-Effekte gelangen.

Kinder aus größeren Geschwisterreihen profitieren zwar auch vom Tutoren-Effekt, jedoch führt das gleichzeitige Vorhandensein von drei (oder mehr) Geschwistern zu einer deutlichen Absenkung des familialen Intelligenzniveaus, das auch durch die mehrfachen Tutoren-Profite nicht ausgeglichen werden kann.

Einzelkinder haben zwar keine älteren Geschwister, von deren Wissen sie profitieren, oder jüngere Geschwister, die sie anleiten und belehren können. Doch welche Rolle spielen für sie die Freunde und Freundinnen in der Nachbarschaft, im Kindergarten und in der Schule? Eine sicher nicht zu unterschätzende Rolle, die in Zajoncs Modell außer Acht gelassen wird. Und wie sieht es – zumindest im Falle intakter Elternhäuser – mit der liebevollen, verwöhnenden oder auch fordernden Zuwendung von Mutter und Vater aus, die Einzelkinder mit keinem Geschwister zu teilen brauchen? Mittlerweile weiß man, daß ein Übermaß an Zuwendung einengt und wenig entwicklungsförderlich ist, wie auch das Gegenteil, Desinteressiertheit und Nichtbeachtung von Seiten der Eltern, negative Folgen hat. Jedoch kann davon ausgegangen werden, daß nur ein kleiner Prozentsatz der heutzutage aufwachsenden Einzelkinder den Gefahren von Überbehütung oder Vernachlässigung ausgesetzt ist.

Leistungsverhalten

Die meisten Untersuchungen zur Leistungsmotivation wurden schon in den sechziger und siebziger Jahren in den USA, einer typischen Leistungsgesellschaft, durchgeführt. Der Begriff »Leistungsmotivation« bezieht sich auf das menschliche Bedürfnis und die Bereitschaft, etwas

Abb. 13. Ein berühmtes Einzelkind: Der Nobelpreisträger Wilhelm Conrad Röntgen.

zu leisten und (zumeist von anderen vorgegebene, selten selbstgesteckte) Ziele, z.B. in der Schule, im Beruf, aber auch im privaten Bereich, zu erreichen. Zahlreiche, durchaus nicht immer miteinander im Einklang stehende Forschungsergebnisse wurden zur Leistungsmotivation veröffentlicht. Die Befunde, die zur Leistungsbereitschaft von Einzelkindern publiziert wurden, gehen im großen und ganzen jedoch in dieselbe Richtung:

Einzelkinder und Erstgeborene sind leistungsorientierter als spätergeborene Geschwister.

Sie können unter herausragenden Persönlichkeiten der Zeitgeschichte, Nobelpreisträgern, bekannten Sozialwissenschaftlern und Psychologen überdurchschnittlich häufig angetroffen werden. Auch auf dem Titelblatt der Zeitschrift *Time*, auf dem zumeist Personen, die im Zentrum des aktuellen öffentlichen Interesses stehen, abgebildet werden, finden sich relativ oft Einzelkinder. Diese und Erstgeborene durchlaufen auch häufiger eine erfolgreiche Schullaufbahn und Berufsausbildung und erreichen im späteren Berufsleben mehr als Personen mit anderem Geburtsrangplatz. In den USA wurde nachgewiesen, daß Einzelkinder häufiger als Geschwisterkinder ein Highschool-Abschlußzeugnis erhalten.

Bei der Suche nach stichhaltigen Erklärungen für diese, die Einzelkinder deutlich begünstigenden Befunde, werden unterschiedliche Wege eingeschlagen. Für einige Forscher sind die veröffentlichten Ergebnisse wissenschaftlich nicht haltbar, weil in vielen Studien wichtige Einflußfaktoren, wie die Schichtzugehörigkeit, das Familieneinkommen, das Ausbildungsniveau und der Beruf der Eltern usw., außer acht gelassen wurden. Sie sind der Ansicht, daß derartige Einflußfaktoren berücksichtigt und sorgfältig kontrolliert werden müssen. Wenn das geschieht, würden die leistungsmotivationsbezogenen Einflüsse, die sich auf die Tatsache des Keine-Geschwister-Habens (bzw. des eine bestimmte Position in der Geschwisterreihe Einnehmens) zurückführen lassen, nahezu verschwinden.

Die Rolle der Eltern

Dieser Einschätzung widersprechen andere Wissenschaftler, für die gerade die besondere Situation des Einzelkindes in seiner Familie die Ausgangsbasis ihrer Interpretation bildet. Sie nehmen an, daß Lernmotivation und Lernbereitschaft das Ergebnis konkreter Erfahrungen sind, die das Einzelkind im Umgang mit seinen Eltern macht. Diese können ihm nicht nur eine bessere Schul- und Berufsausbildung ermöglichen, als Eltern aus Mehr-Kind-Familien, deren finanzielle Möglichkeiten bezogen auf ihre mehreren Kinder in der Regel beschränkter sind, sondern haben i.a. auch relativ hohe Erwartungen bezogen auf den schulischen und beruflichen Werdegang ihres Kindes. Verwiesen wird auf Untersuchungen, in denen dokumentiert wurde, daß auf Einzelkinder und Erstgeborene von Seiten der Eltern mehr Druck ausgeübt wird, sich angemessen und vorbildhaft zu verhalten, als auf spätergeborene Kinder. Besonders für Einzelkinder, die sozusagen ununterbrochen die elterliche Beachtung und (wie auch immer geartete) Zuwendung erfahren, wurde belegt, daß sehr häufig schon recht frühzeitig eine *innere Kontrollorientierung* herausgebildet wird. Das heißt, daß Einzelkinder eine deutlich größere Bereitschaft entwik-keln als spätergeborene Geschwisterkinder, sich selbst die Verantwortung zuzuweisen beim Zustandekommen von Ereignissen, die sie betreffen. Spätergeborene neigen demgegenüber stärker zu einer *externen Kontrollorientie-rung*, d.h. sie beziehen sich auf andere Personen und äußere Sachverhalte, wenn sie das Zustandekommen (und die Verursachung) von sie persönlich betreffenden Vorgängen erklären.

Dazu ein Beispiel: Die Mathematik-Klassenarbeit wurde mit »mangelhaft« bewertet. Ein Einzelkind sucht in diesem Fall den Grund für das schlechte Abschneiden häufig bei sich selbst: ungenügende Vorbereitung, schlechte Tagesform, unzulängliche Konzentration, feh-lende Begabung usw. (= interne Kontrollorientierung). Geschwisterkinder neigen eher dazu Ursachen anzufüh-ren, die außerhalb ihrer Verantwortung liegen, z.B. also Ablenkungen durch Klassenkameraden, unverständliche Aufgabenformulierung, Schwierigkeit der Aufgabe,

schlechtes Abschneiden der ganzen Klasse, Ungerechtig-
keit des Lehrers usw. (= externe Kontrollorientierung).

Einige andere Wissenschaftler meinen, daß es Einzelkinder leichter haben, sich ein reiferes, erwachsenes
Verhaltensrepertoire anzueignen, weil ihnen in ihrer familialen Umwelt ausschließlich erwachsene Vorbilder zur
Verfügung stehen. Typisch für viele Einzelkinder sei eine
starke Identifikation mit den Eltern und ihren Ansprüchen und Leistungsstandards.

>>Meine Mutter ist gern Lehrerin und erledigt die
Hausarbeit nebenbei. Das finde ich gut so.<< (13jäh-
riges Mädchen)
>>Mit seinen ewigen Sprichwörtern – Sich regen,
bringt Segen; Ohne Fleiß, keinen Preis – geht mir
mein Vater oft auf den Keks. Aber Recht hat er
irgendwie schon.<< (14jähriger Junge)
>>Wann ich meine Schulaufgaben mache und wann
ich ins Bett gehe, bestimme ich selbst. Meine Eltern
sagen beide, Selbständigkeit und Verantwortung ist
ihnen wichtiger, als ein braves, gehorsames Kind.<<
(12jähriges Mädchen)

Sie würden sich auch stärker an – nicht der eigenen
Altersstufe entsprechenden – erwachsenen Bezugspersonen orientieren, was in der Vergangenheit oft als >>Früh-
reife<< deklariert wurde.

>>Mein Vorbild ist Mahatma Gandhi. Der hat wirk-
lich etwas getan für sein Volk. Freiheit und Gerechtigkeit, und daß alle Menschen gleich sind, war für
ihn das Wichtigste.<< (14jähriger Junge)
>>Am meisten bewundere ich Helen Keller. Die war
blind, taub und stumm und hat ihr Leben trotzdem
gemeistert.<< (15jähriges behindertes Mädchen)

103

»Julia Migenes gefällt mir am besten. Mit ihrer Stimme kommt keine andere mit. Und sie ist schön und hat großen Erfolg, ich glaube, sie ist weltberühmt.« (13jähriges Mädchen)
(Alle Zitate stammen aus einer eigenen Erkundungsuntersuchung.)

Nicht in Abrede gestellt werden kann, daß Kinder ohne Geschwister die elterliche Zuwendung *ungeteilt* erfahren. Doch bereits bei dem mehrfach belegten »Faktum«, daß Einzelkinder insgesamt mehr mit den Eltern interagieren, sich also zwischen ihnen und den Eltern quantitativ mehr abspielt, können Zweifel angemeldet werden. Zumindest gibt es eine große (derzeit noch verhältnismäßig stark wachsende) Gruppe von Einzelkindern, deren Eltern ganz oder teilweise berufstätig sind und sich deshalb faktisch *nicht ununterbrochen* ihren Kindern widmen kann. Entscheidend für die Ausbildung einer leistungsmotivierten Haltung bei den Kindern dürfte auch nicht die Quantität, sondern die Qualität der elterlichen Zuwendung, Betreuung und Erziehung sein. Und hier finden sich beim gegenwärtigen Wissensstand starke Anhaltspunkte dafür, daß viele Einzelkinder heutzutage eine Behandlung von Seiten der Eltern erfahren, die ihnen den Aufbau leistungsbezogener Wertorientierungen zumindest erleichtert.

Einschränkend ist anzufügen, daß sich die vorangehend zitierten Forschungsergebnisse lediglich auf die Entwicklungsabschnitte Kindheit und Jugend erstrecken. Auch die Besonderheiten des Einzelfalls werden überhaupt nicht berücksichtigt. Ausgeblendet bleibt die weitere Entwicklung, die sich im Hinblick auf die Leistungsmotivation in späteren Lebensabschnitten abspielt, und weitgehend vernachlässigt wird die Tatsache, daß sich der konkrete Einzelfall nicht selten sozusagen als wider-

spenstig erweist, weil er sich nicht in die bewährten Er-
klärungsschablonen einfügen läßt.

Selbstbewußtsein

Die Frage, ob Einzelkinder selbstbewußter als Geschwisterkinder sind, kann beim gegenwärtigen Wissensstand weder eindeutig bejaht noch eindeutig verneint
werden. Das hat eine Reihe von Gründen:

Schwierigkeiten bei der Bestimmung des Begriffs

Die Psychologie tut sich schwer mit der exakten
Bestimmung des Begriffs »Selbstbewußtsein«. Selbstschätzung, Selbstachtung, Selbstwertgefühl, Selbstvertrauen, Selbstsicherheit sind weitere, ähnliche Begriffe,
die in der Vergangenheit oftmals verwendet wurden, um
jeweils einen besonderen Aspekt aus dem Umfeld des
vieldeutigen Begriffs Selbstbewußtsein zu bezeichnen.
Aber auch Attribute, wie selbstisch, selbstbezogen, selbstsüchtig, selbstzentriert, selbstgefällig, selbstzufrieden
usw., die in früheren Jahrzehnten häufig stereotyp in
Verbindung gebracht wurden mit der Persönlichkeit von
Einzelkindern, tauchen im Umfeld des Begriffs Selbstbewußtsein auf.

Schwierigkeiten bei der Messung von Selbstbewußtsein

Zur Erfassung von Selbstbewußtsein im konkreten
Fall werden ganz unterschiedliche Methoden eingesetzt.
In manchen Untersuchungen überläßt man es den Eltern,
Lehrern oder anderen Bezugspersonen, einzuschätzen, ob
das Kind nun selbstbewußt (sehr – etwas – gar nicht) ist.
Andere Wissenschaftler befragen das Kind selbst, lassen

Abb. 14. Welches Kind hat mehr Selbstbewußtsein?

es sich selbst beurteilen und dabei auch vergleichen mit anderen Kindern (aus der Geschwisterreihe oder Nachbarschaft). Wieder andere Forscher entwickeln Fragebögen, in denen sie viele verschiedene Erscheinungsformen von Selbstbewußtsein auflisten und unterschiedliche Bezugspersonen beurteilen lassen, ob diese oder jene Ausprägungsform beim zu beurteilenden Kind nun vorliegt oder nicht. Selten kommt es vor, daß auch das tatsächliche – mehr oder weniger selbstbewußte – Verhalten des Kindes in bestimmten Situationen (z. B. Gleichaltrigen oder Erwachsenen gegenüber) beobachtet wird.

In der Vielfalt der methodischen Vorgehensweisen zur Erfassung von Selbstbewußtsein drückt sich ein doppeltes Dilemma aus: zum einen ist das mit dem Begriff Selbstbewußtsein bezeichnete Phänomen als solches schillernd und vielgestaltig, sehr veränderlich über die Zeit hinweg und begegnet einem von Situation zu Situation in immer wieder neuen Erscheinungsformen. Zum anderen schaffen es die Wissenschaftler nicht, sich auf eine oder zumindest auf einige wenige, vergleichbare und bewährte Methoden zur Messung von Selbstbewußtsein zu einigen. Nur sehr selten wurden von verschiedenen Forschergruppen einmal dieselben methodischen Vorgehensweisen verwendet.

Widersprüchliche Forschungsergebnisse

Ältere Untersuchungen gelangen oft zu der Feststellung, daß Einzelkinder selbstbewußter, aber auch eingebildeter, selbstgefälliger und egoistischer sind als Kinder mit Geschwistern. Bei vielen dieser Studien muß jedoch in Betracht gezogen werden, daß die Einschätzungen von Eltern, Lehrern oder anderen außenstehenden Beurteilern eingeholt wurden, die über die Untersuchungsziele vorab informiert worden waren. Möglicherweise wurden die Beurteiler bei ihren Einschätzungen vom Einzelkind-Vorurteil beeinflußt.

Neuere Untersuchungen kamen zu widersprüchlichen Ergebnissen. Einige Autoren ermittelten niedrige Selbstschätzungswerte für Einzelkinder und Erstgeborene (und höhere Werte für spätergeborene Geschwister), andere Autoren kamen zu genau umgekehrten Ergebnissen. In einer neueren Studie wurde festgestellt, daß Kinder in mittlerer Geschwisterposition das größte Selbstbewußtsein besitzen.

Unterschiedliche theoretische Erklärungsversuche

Zu der Frage, welche Rolle Geschwister und Eltern bei der Entwicklung von Selbstbewußtsein spielen, sind ganz unterschiedliche Erklärungsversuche vorgelegt worden: Einige Wissenschaftler gehen davon aus, daß sich das individuelle Selbstbewußtsein vor dem Hintergrund von Vergleichen entwickelt, die jeder, sei es nun bewußt

oder unbewußt, zwischen sich und seinen Bezugspersonen anstellt. Einzelkinder (und Erstgeborene) vergleichen
sich in erster Linie mit den Eltern, mittlere und spätergе-
borene Geschwister insbesondere mit den älteren Geschwistern.

Dazu einige Beispiele aus einer eigenen Erkundungsstudie:

»Für mich zählt der Kleine nicht, auch wenn er
manchmal ganz vernünftige Ideen hat.« (12jähriger
Junge mit 6 Jahre jüngerem Bruder)
(Auf die Frage, wer für ihn ein Maßstab ist:) »In
erster Linie mein Vater. Aber das würde ich ihm nie
sagen.« (14jähriger Junge ohne Geschwister)
»Ich vergleiche mich nicht oft mit anderen. Meine
beste Freundin vielleicht. Die ist so witzig meist, die
kann andere so gut nachahmen und überhaupt so
gut schauspielern. Das kann ich nicht.« (13jähriges
Mädchen ohne Geschwister)
»Mein Bruder hilft mir öfters. Der kann viel schneller im Kopf rechnen und macht auch keine Fehler.«
(9jähriger über seinen 13jährigen Bruder)
»Meine Mutter kommt immer mit so endlosen Erklärungen. Da sage ich meist: Mit wem redest Du
eigentlich?« (13jähriges Mädchen ohne Geschwister)
»Wir zanken uns oft. Er will immer alles besser
wissen. Dabei ist er doch nur eine Klasse weiter.«
(10jähriges Mädchen über ihren 1 1/2 Jahre älteren
Bruder)

Die jüngeren Geschwister gelangen nicht selten zu
vorteilhafteren Ergebnissen, denn von den nur etwas älteren Geschwistern unterscheiden sie sich ja nur wenig. Die
Vergleiche der Einzelkinder mit den »übermächtigen Er-

wachsenen« führen demgegenüber möglicherweise zu negativeren Resultaten, welche sich auch auf das Selbstwertgefühl ungünstig auswirken.

Andere Forscher sind der Auffassung, Einzelkinder und Erstgeborene sollten ein deutlich größeres Selbstbewußtsein ausbilden als mittlere und spätergeborene Geschwister, weil sie mehr ungeteilte und uneingeschränkte elterliche Zuwendung erhalten.

Die an der Universität von Texas tätige Psychologin Toni Falbo, die sich in den USA mit ihren Veröffentlichungen zum Thema Einzelkinder einen Namen gemacht hat (siehe Falbo 1984), ist der Überzeugung, daß die Eltern beim Aufbau des kindlichen Selbstwertgefühls eine weniger wichtige Rolle spielen. Kinder vergleichen sich vor allem mit ihren Geschwistern, wenn sie welche haben, wobei natürlich Erstgeborene zu den positivsten Resultaten gelangen, weil sie sich den jüngeren Geschwistern gegenüber in allen Bereichen als überlegen erleben. Am schlechtesten geht es den Letztgeborenen, denn sie haben niemanden mehr unter sich in der Geschwisterreihe, den sie übertreffen könnten und bei allen ihren Vergleichen mit den anderen Geschwistern schneiden sie wahrscheinlich schlechter ab. In mittlerer Geschwisterposition aufwachsende Kinder entwickeln ein durchschnittliches Selbstwertgefühl, weil sie sowohl zu guten wie auch zu weniger vorteilhaften Ergebnissen kommen, wenn sie sich mit den jüngeren bzw. älteren Geschwistern vergleichen.

Wie Einzelkinder vorgehen, denen ja keine Geschwister zur Verfügung stehen, mit denen sie sich vergleichen könnten, wird von Falbo nicht näher ausgeführt. Sie stellt lediglich fest, daß beim Aufbau des Selbstwertgefühls bei Einzelkindern derartige Vergleichsprozesse keine Rolle spielen und sie deshalb eine durchschnittliche Selbstschätzung ausbilden.

Vielschichtigkeit und Veränderbarkeit von Selbstbewußtsein

Alle vorgeschlagenen Erklärungsversuche verlieren die Vielschichtigkeit und Veränderbarkeit des Merkmals Selbstbewußtsein – wie auch immer es im konkreten Fall definiert wird – aus den Augen: Es sind sicher nicht nur die Qualität der elterlichen Zuwendungen oder die Resultate von geschwisterbezogenen Vergleichen, die in Betracht gezogen werden müssen, wenn man sich mit den Faktoren befaßt, die am Aufbau des komplexen Persönlichkeitsmerkmals Selbstbewußtsein beteiligt sind. Einbezogen werden müssen weitere Einflußgrößen, deren Stellenwert natürlich von Fall zu Fall unterschiedlich sein kann. Das sprichwörtliche, in den ersten Lebensjahren aufgebaute »Urvertrauen« verdient hier Erwähnung, darüber hinaus die in sensiblen und kritischen Entwicklungsphasen, wie z.B. beim Kindergarten- oder Schuleintritt oder in der Pubertät, mit neuen Personen (Spiel- und Klassenkameraden, Erzieherinnen, Lehrern) und neuartigen Gegenständen (Spielmaterial, Unterrichtsfächer) gemachten, positiven und negativen Erfahrungen.

Festgehalten werden kann, daß weitere Forschung vonnöten ist, um eine eindeutige Antwort auf die interessante Frage, ob sich Einzelkinder im Hinblick auf ihr Selbstbewußtsein von Geschwisterkindern unterscheiden, formulieren zu können.

Zwischenmenschliche Orientierungen

Die Frage nach der zwischenmenschlichen Orientierung bei Einzelkindern zielt in einen Bereich, in dem sich bis heute hartnäckig Vorurteile halten. Jahrzehntelang

ging man davon aus, daß die Tatsache des Ohne-Geschwister-Aufwachsens sich besonders negativ auf das
Sozialverhalten auswirkt. Immer wieder wurde fraglos
unterstellt, daß Einzelkinder Ausfallserscheinungen und
Defizite in sozial-zwischenmenschlicher Hinsicht aufweisen, weil sie keine geschwisterbezogenen Erfahrungen
erwerben und relativ isoliert aufwachsen. Auch als aufgrund sinkender Geburtenquoten im Verlaufe der siebziger und achtziger Jahre Einzelkinder von der seltenen
Ausnahme zum immer häufiger anzutreffenden Regelfall
wurden, änderten sich diese Vorurteile nur geringfügig.
Auf der Grundlage des gegenwärtigen wissenschaftlichen
Kenntnisstandes – das kann eindeutig festgehalten werden – ist eine Revidierung dieser Vorurteile aber längst
überfällig:

Bedürfnis nach Anlehnung, Anschluß und Zuwendung

Bereits in den fünfziger Jahren beschäftigte sich der
Sozialpsychologe Stanley Schachter an der Stanford University (USA) mit den Strebungen und Bedürfnisse nach
Anlehnung, Anschluß, Zuwendung und Gesellschaft.
Schachter ging davon aus, daß erstgeborene Geschwister
(und Einzelkinder) unter Streßbedingungen stärkere Zu-
wendungs- und Anlehnungsbedürfnisse äußern, als spätergeborene Geschwister. Er begründet dies mit der Tatsache, daß Erstgeborene und Einzelkinder im Kleinkindalter in der Regel schneller Beachtung und Zuwendung
erhalten als spätergeborene Geschwister und gleich versorgt werden, wenn sie zu schreien anfangen. Dies hängt
mit der Unerfahrenheit und Ängstlichkeit ihrer Mütter
zusammen, die beim zweiten (oder dritten) Kind schon
wesentlich ruhiger und gelassener bleiben, wenn dieses
einmal schreit oder weint, und deshalb auch weniger
prompt mit Zuwendung und Versorgung reagieren. Auf-

grund ihrer frühkindlichen Erfahrungen mit der Mutter bilden die Kinder entsprechende Erwartungen aus: Erstgeborene und Einzelkinder erwarten, daß man sich um sie kümmert und sich ihrer annimmt, wenn sie Streß erleben - spätergeborene Geschwister haben weniger ausgeprägte Erwartungen, daß ihnen sogleich geholfen wird.

In einer Reihe von Experimenten konnte Schachter seine theoretischen Vorstellungen weitgehend bestätigen und auch in den darauffolgenden Jahren wurden in Felduntersuchungen und Rollenspielsituationen weitere Ergebnisse erzielt, die Schachters Theorie stützen.

Andere Forscher, die sich mit *anderen Formen von Anlehnung, Anschluß und Zuwendung* befaßten, kamen zu ganz anderen Ergebnissen. Immer wieder wurde festgestellt, daß Einzelkinder (und Erstgeborene) insgesamt niedrigere Anschlußbedürfnisse haben, was sich z.B. darin zeigt, daß sie einer geringeren Zahl von Cliquen, Gruppen und Organisationen angehören, nicht so viele enge Freunde haben, diese (und andere Bekannte und Verwandte) seltener besuchen und insgesamt weniger soziale Kontakte haben als spätergeborene Geschwister.

Einige Wissenschaftler vermuten, daß Einzelkinder dann besonders niedrige Anschlußbedürfnisse haben, wenn sie in ihrer Kindheit in dieser Hinsicht keinen Mangel erlebt, sondern die elterliche Zuwendung und Liebe ungeteilt und in ausreichendem Maße erfahren haben. In einigen Untersuchungen wurde nämlich nachgewiesen, daß Mangel an oder Entzug von Zuwendung zu einer Verstärkung der Anschluß- und Anlehnungsbedürfnisse führen.

Wenn viele Einzelkinder also tatsächlich weniger starke Anschlußbedürfnisse und auch nicht so viele soziale Kontakte wie die meisten Geschwisterkinder haben, ist damit jedoch *nicht* das Vorurteil bestätigt, daß sie in sozialer Hinsicht Defizite, Mängel und Ausfallserscheinungen haben. Dafür sprechen auch folgende Forschungsergebnisse: in der Klassengemeinschaft und unter gleichaltrigen Freunden sind Einzelkinder genauso beliebt wie Geschwisterkinder; zwar unterstreichen die Befunde in einigen älteren Untersuchungen, daß später- und letztgeborene Geschwister besonders beliebt unter ihresgleichen sind, jedoch unterscheiden sich Einzelkinder keineswegs von Kindern aus erster und mittlerer Geschwisterposition.

Durchsetzungsvermögen

Einzelkindern wird häufig unterstellt, daß sie sich in Konfliktsituationen anderen gegenüber – sei es in Partnerschaften oder in der Klassengemeinschaft – nicht durchsetzen können. Dies wird damit in Verbindung gebracht, daß sie in ihrer Kindheit oft chancenlos waren zwei übermächtigen Erwachsenen gegenüber und auch mit Gleichaltrigen selten schwerwiegendere Streitigkeiten auszutragen brauchten. Sie sind deshalb, so wird angenommen, weitgehend aggressionsunfähig und nicht in der Lage, ihre eigene Position und Meinung gegen den Widerstand anderer zu artikulieren. Häufig ziehen sie sich deprimiert und frustriert zurück und überlassen den dominierenden Geschwisterkindern das Feld, die es gelernt haben sich im Umgang mit ihresgleichen (zum Teil auch etwas älteren Geschwistern gegenüber) zu behaupten.

Einige Beispiele aus der schon erwähnten eigenen Erkundungsstudie:

»Es macht mit keinen Spaß, mich immer nur zu streiten mit Thommy oder Basti. Wenn denen was wichtig ist, oder wenn sie was wollen, dann schreien sie und kloppen auch. Nachgeben tun die nie. Da gehe ich lieber hoch und spiele am Computer.« (12jähriger ohne Geschwister)

»Betty nervt mich. Alle sollen nach ihrer Pfeife tanzen. Sie muß immer recht behalten. Was sie vorschlägt, soll gemacht werden. Ich hab's ihr schon ein paar Mal gesagt, aber sie hört gar nicht hin. Lieber bin ich mit Kathi zusammen – da macht es mehr Spaß.« (13jährige ohne Geschwister)

»Lisa wird immer eingeladen. Die meisten Mädchen mögen sie und mit den Jungen kommt sie auch gut aus. Sie ist sehr beliebt in der Klasse, weil sie sich nicht aufspielt und sich auf jeden einstellen kann. Ich glaube, sie hat ein großes Einfühlungsvermögen und einen Sinn für Gerechtigkeit und Fairneß.« (Lehrerin über ein 12jähriges, geschwisterloses Mädchen)

Man geht davon aus, daß Einzelkinder in ihrer erwachsenenzentrierten Situation, besonders dann, wenn sie die elterliche Nähe und Zuwendung ungeteilt erfahren haben, große Sensibilität für andere entwickeln. Diese ermöglicht es ihnen, in Gruppen ausgleichend zu wirken und Brücken zu schlagen zwischen gegensätzlichen Standpunkten. Ihre Stärken liegen im Miteinander-Versöhnen und Harmonie schaffen, nicht im Rivalisieren und Austragen von Konflikten.

Aus Sicht vieler zeitgenössischer Therapeuten ist jedoch die individuelle Konfliktfähigkeit, das sich unter Umständen auch aggressiv mit dem Partner Auseinandersetzen, eine Voraussetzung, um Distanz *und* Nähe herzustellen. Beide bedingen einander, und Liebe und Zuwendung schöpfen ihre Kraft aus der vorangegangenen Abgrenzung und Distanzierung. Die Belege dafür, daß sich Einzelkinder in Gruppen schwerer tun als Geschwisterkinder, lieber »flüchten als standhalten« und Konflikte vermeiden oder unter den Teppich kehren, stammen jedoch nicht aus wissenschaftlich kontrollierten

Untersuchungen. Sie finden sich vorwiegend in individuellen Erfahrungsberichten und klinisch-psychologischen Fallbeschreibungen und lassen sich nicht verallgemeinern, auch wenn sie mit teilweise sehr plausiblen Begründungen untermauert werden.

Wissenschaftlich belegt ist dagegen, daß Einzelkinder in seelischer und körperlicher Hinsicht genauso belastbar sind wie Geschwisterkinder. Wenn Einzelkinder einmal häufiger bei Ärzten und in Kliniken vorstellig werden, dann liegt das nicht an ihrer labileren und anfälligeren gesundheitlichen Verfassung, sondern an der fürsorglichen und behütenden Haltung ihrer Eltern.

Zusammenfassend kann also uneingeschränkt und eindeutig auf der Grundlage des wissenschaftlichen Erkenntnisstandes das Vorurteil, Einzelkinder seien in sozialer Hinsicht beeinträchtigt, als unzutreffend zurückgewiesen werden.

Geschlechtsrollen

Mit der Frage nach den gesellschaftlichen Wurzeln von geschlechtsspezifischem Verhalten befassen sich Psychologen und Soziologen bereits seit einigen Jahrzehnten. Eine fundierte und übergreifende Theorie, welche die Entwicklung der Geschlechtsrolle und Ausbildung von geschlechtsrollenspezifischem Verhalten erklärt, ist jedoch noch nicht in Sicht. In der Vergangenheit wurden unterschiedliche Schwerpunkte gesetzt in Abhängigkeit davon, welchem Aspekt der Geschlechtsrollenentwicklung man jeweils besonderes Interesse widmete. Die Bedeutung von Elternhaus, Schule, Peergruppen und Cliquen oder Medien wurde unterschiedlich diskutiert. Einmal legte man Gewicht auf Erziehung und Bildung, ein

115

anderes Mal auf Beobachtungslernen, Modelle, Vorbilder und Idole oder auf Beeinflussung durch gezielte Informationsvermittlung oder auf Aufklärung und Bewußtmachung. Mittlerweile jedoch besteht weitgehend Einigkeit darüber, daß zur Erklärung der Geschlechtsrollenentwicklung ein ganzes Netzwerk von miteinander verbundenen Faktoren in Rechnung gestellt und Zug um Zug entschlüsselt werden muß.

Ein Modell der Geschlechtsrollenentwicklung

Vor einiger Zeit veröffentlichte die amerikanische Psychologin Phyllis A. Katz ein die Lebensspanne umgreifendes Modell der Geschlechtsrollenentwicklung, das von drei Annahmen ausgeht:

- Zunächst muß der Junge/das Mädchen lernen, welches die seinem Geschlecht angemessenen Verhaltensweisen sind.
- Erst dann erwirbt er/es allmählich Vorstellungen (»Konzepte«) davon, wie das seinem Geschlecht entsprechende Verhalten Erwachsener auszusehen hat.
- Noch später lernt er/es, sich auch wie ein männlicher/weiblicher Erwachsener zu verhalten.

Auf jeder Entwicklungsstufe lassen sich Unterteilungen vornehmen je nachdem, ob eher gefühlsbezogene oder eher verstandesmäßige Entwicklungsaufgaben zu lösen sind. Auf jeder Entwicklungsstufe wirken sich soziale Einflußfaktoren unterschiedlich aus, z.B. spielen im Vorschulalter die Eltern und Geschwister eine größere Rolle als während der Grundschuljahre, in deren Verlauf die Klassenkameraden, Spielfreunde und auch Medien stärker in den Vordergrund treten.

Tabelle 8. Sozialisation der Geschlechtsrolle bei Einzelkindern und Geschwisterkindern: Unterschiedliche Einflußfaktoren (nach Katz und Boswell 1985).

Geschlechtsrollenbezogene Aufgaben, die zu bewältigen sind.	Wesentliche Einflußfaktoren: Mögliche Unterschiede zwischen Einzelkindern und Geschwisterkindern.
im Verlaufe der Vorschuljahre	
Erwerb der Geschlechts-Konstanz (Lernen, daß ein Junge immer ein Junge/Mann bleibt, ein Mädchen immer ein Mädchen/eine Frau).	**Eltern:** Verfügbarkeit größer bei Einzelkindern. Geschlechtsrollen-Einstellungen liberaler bei Einzelkindern Ausmaß der Klischeehaftigkeit geringer und weniger strikt bei Einzelkindern.
Beginn des Erlernens von typisch »männlichen« und »weiblichen« Inhalten der Geschlechtsrollen: stark/durchsetzungsfähig/dominant bzw. schutzbedürftig/nachsichtig/einfühlsam.	**Geschwister:** Keine deutlichen Unterschiede auf dieser Altersstufe. **Medien:** Möglicherweise größere Einflüsse bei Einzelkindern.

Tabelle 8. Fortsetzung.

Geschlechtsrollenbezogene Aufgaben, die zu bewältigen sind.	Wesentliche Einflußfaktoren: Mögliche Unterschiede zwischen Einzelkindern und Geschwister-kindern.
während der Schulzeit	
	Gleichaltrige: wichtig für beide; werden möglicherweise wichtiger für Einzelkinder.
Abschluß des Erlernens von Geschlechtsrollen-Inhalten was kindliches Geschlechts-rollenverhalten angeht: wie benehmen sich ein »richtiger« Junge und ein »richtiges« Mädchen?	**Geschwister:** Verfügbarkeit von mehr Modell-verhalten bei Kindern mit älterem und/oder ungleichgeschlecht-lichem Geschwister; Kinder mit jüngeren Geschwistern machen auch Erfahrungen als Lehrer und Vorbilder; Einzelkinder müssen nach Modellverhalten außerhalb der Familie ausschauen und haben keine vergleichbaren Möglichkeiten, als Lehrer Erfahrungen zu sammeln.
	Eltern: Verfügbarkeit größer bei Einzelkindern, aber unwichtiger als früher. Geschlechtsrollen-Einstellungen liberaler bei Einzelkindern.
Beginn des Erlernens von möglichen erwachsenen Geschlechtsrolleninhalten: wie benehmen sich Jungen, wenn sie Männer werden und Mädchen, wenn sie Frauen werden?	Ausmaß der Klischeehaftigkeit geringer und weniger strikt bei Einzelkindern.
	Medien: möglicherweise größere Einflüsse bei Einzelkindern; wichtig für beide Gruppen auf dieser Altersstufe.

Katz vermutet weiter, daß die sozialen Einflüsse, denen Einzelkinder in ihren ersten Lebensjahren ausgesetzt sind, denen von erstgeborenen Geschwisterkindern ähneln. Später gleicht ihre soziale Situation dann eher der von zuletzt geborenen Geschwisterkindern, denn auch diese haben keinen »Entthronungsschock«, verursacht durch die Geburt eines Geschwisters, zu verkraften.

In Tabelle 8, die in Anlehnung an eine von Katz und Boswell veröffentlichte Tabelle entworfen wurde, sind eine Reihe von möglichen Unterschieden in der Geschlechtsrollenentwicklung von Einzelkindern und Geschwisterkindern zusammengestellt worden.

Katz führte mit ihrer Kollegin Boswell in den achtziger Jahren unter Anknüpfung an die eigenen Modellvorstellungen eine Reihe von Untersuchungen durch. Einige Ergebnisse:

1. Männliche Einzelkinder kennen sich in den traditionellen Geschlechtsrollenmerkmalen (»Ein richtiger Junge weint nicht, ist mutig, spielt nicht mit Puppen, weiß viel über Autos und Technik« usw.) am besten aus und sind nach Einschätzung ihrer Spielfreunde in ihrem Geschlechtsrollenverhalten wenig flexibel und tolerant, d.h. sie legen Wert darauf, daß keiner aus der Reihe tanzt und sich jeder angemessen und seinem Geschlecht entsprechend verhält.

2. Weibliche Einzelkinder zeigen dagegen ein wesentlich flexibleres Geschlechtsrollenverhalten. Sie wissen am wenigsten über traditionelle Geschlechtsrollenmerkmale (»Ein richtiges Mädchen ist brav und lieb, zankt nicht, tobt nicht herum, gibt nach, wenn gestritten wird, spielt gern mit Puppen und macht sich nichts aus Autos und Technik«, usw.), haben sehr tolerante, wenig traditionell orientierte Eltern und verhalten sich auch von allen Kindern am wenigsten rollenkonform.

Abb. 15. Typisch Mädchen?

3. Einzelkinder identifizieren sich häufiger und stärker mit in Medien präsentierten Figuren und Helden als Kinder, die mit Geschwistern aufwachsen. Besonders im Vorschulalter haben die Medien einen großen Einfluß auf die Geschlechtsrollenentwicklung.

Erwerb der Geschlechtsrolle in der Kindheit

In den Untersuchungen von Katz und Boswell wurden Belege dafür zusammengetragen, daß sich zwischen dem vierten und sechsten Lebensjahr rapide Entwicklungen im Bereich der Geschlechtsrolle abspielen. Diese werden, wie ausgeführt wurde, zum Teil durch die Geschwisterkonstellation beeinflußt; eine wichtige Rolle spielen aber auch Alter, Geschlecht und die soziale Umgebung des Kindes. Zunächst werden die mit dem eigenen Geschlecht verbundene Rollenstereotype erlernt und zwar i.a. in der Reihenfolge: geschlechtsspezifisches Spielzeug (Mädchen spielen mit Puppen, Jungen mit technischem und Konstruktions-Spielzeug), geschlechtsangemessene Tätigkeiten (Jungen raufen und toben, Mädchen sind brav und beschäftigen sich mit musischen Dingen), geschlechtstypische Eigenschaften (Jungen dominieren, zeigen Stärke und Durchsetzungsfähigkeit, sind aggressiver – Mädchen sind anpassungsbereit, nachgiebig, hilfsbereit, schutzbedürftig und einfühlsam).

Im Vorschulalter ist das Wissen der Kinder um diese geschlechtstypischen Eigenschaften natürlich noch sehr begrenzt, trotzdem orientieren sie sich in ihrem Verhalten immer stärker an den traditionellen Geschlechtsrollennormen und werden auch zunehmend intoleranter gegenüber »geschlechtsunangemessenem« Verhalten.

Im Verlauf der Schuljahre treten eine Reihe von Unterschieden zwischen Einzelkindern und Geschwisterkindern immer deutlicher zu Tage: Einzelkinder zeigen zunehmend größere Geschlechtsrollenflexibilität. Dies gilt in besonderem Maße für Einzelkind-Mädchen, die sich selbst und ihre Freunde (die z.T. auch dem anderen Geschlecht angehören) häufiger mit einer Reihe von »zwittrigen« Merkmalen beschreiben, d.h. sowohl mit Eigenschaften, die typisch sind für Jungen als auch mit Eigenschaften, die typisch sind für Mädchen. Weibliche Einzelkinder (und ihre Mütter) fallen nicht selten auch in ihren medienbezogenen Vorlieben aus dem Rahmen, denn sie wählen zuweilen berühmte Frauen als Leitbilder und Identifikationsfiguren, was in Mehr-Kind-Familien viel seltener der Fall ist, allenfalls in Mehr-Töchter-Familien gelegentlich vorkommt. Typisch für Einzelkinder beiderlei Geschlechts ist, daß sie sich häufiger und intensiver als Geschwisterkinder mit in den Medien präsentierten,

Abb. 16. Gleichaltrige Freunde sind wichtig bei der Geschlechts-rollenentwicklung.

erwachsenen Persönlichkeiten identifizieren. Auch in ihrer sozialen Umwelt spielen erwachsene Bezugspersonen eine vergleichsweise größere Rolle als gleichaltrige Freunde.

Die vorsichtige Schlußfolgerung scheint erlaubt zu sein, daß im Leben von Einzelkindern Medien, wie Bücher und Zeitschriften, Film und Fernsehen, und Erwachsene, Eltern und Lehrer, Verwandte, Bekannte und Nachbarn, eine bedeutendere Rolle spielen als im Leben von Geschwisterkindern.

Die Untersuchungsergebnisse von Katz und Boswell untermauern weiter, daß Mädchen – besonders Einzelkind-Mädchen – in vielerlei Hinsicht flexibler und weniger konform in ihrem Geschlechtsrollenverhalten als Jungen sind. Die Befunde machen außerdem deutlich, daß für den Aufbau und die Verstärkung von Geschlechtsrollenverhalten gleichaltrige Spielfreunde eine wichtigere Rolle spielen als Geschwister. Das gilt für beide Geschlechter, besonders ausgeprägt für Jungen.

Dokumentiert wurde auch das unveränderte Fortbestehen von Vorurteilen bezogen auf Einzelkinder. Schon Acht- bis Neunjährige haben diese Vorurteile verinnerlicht und auch die betroffenen Einzelkinder selbst wiederholen sie. Noch nicht vollständig aufgeklärt ist, auf welche Weise die Einzelkind-Stereotype immer wieder erfolgreich vermittelt und angenommen werden.

Einzelkind-Eltern sind etwas anders!

Was die Eltern von Einzelkindern angeht, so unterscheiden sie sich in einigen wesentlichen Punkten von anderen Eltern:

- Sie legen weniger Gewicht auf Geschlechtsunterschiede und rollenkonformes Verhalten bei ihren Kindern.
- Sie fühlen sich im Hinblick auf ihre Familienplanung stärkeren Rechtfertigungszwängen ausgesetzt als andere Eltern.
- Sie sind in ihrem eigenen Geschlechtsrollenverhalten liberaler und weniger stark am Stereotyp orientiert.

Einzelkindeltern messen auch ihrer persönlichen Freizeit, ihrer beruflichen Karriere und ihren partnerschaftlichen Belangen einen größeren Stellenwert bei als Eltern mit mehr als einem Kind. Wenn ihr Einzelkind weiblichen Geschlechts ist, sind sie in ihrer Geschlechtsrollenerziehung besonders liberal, nachgiebig und nicht klischeeorientiert. Einzelkindeltern waren sich zwar in der Regel der nach wie vor gegenüber Einzelkindern bestehenden Vorurteile bewußt, bejahten aber trotzdem ihre Entscheidung für die Ein-Kind-Familie. Sie waren z.b.der Ansicht, daß Einzelkinder engere Beziehungen zu ihren Eltern unterhalten würden als Geschwisterkinder und daß es nicht egoistisch und selbstsüchtig wäre, nur ein Kind aufzuziehen, auch wenn zwei oder mehrere Kinder mehr Kosten und Probleme mit sich bringen würden. Nachgewiesen wurde auch, daß Eltern mit zwei oder mehreren Kindern häufiger negative Ansichten über die Ein-Kind-Familie äußern.

Einige interessante Zusammenhänge wurden ermittelt zwischen Persönlichkeitseigenschaften und Erziehungsverhalten der Eltern auf der einen Seite und der Flexibilität ihrer Einzelkinder auf der anderen Seite: Jüngere Kinder orientierten sich dabei stärker am gegengeschlechtlichen Elternteil, ältere (Schul-)Kinder stärker am gleichgeschlechtlichen Elternteil. Dieses überraschende Ergebnis steht im Einklang mit der psychoanalytischen Auffassung, nach der sich während der »ödipalen Phase« die (drei- bis vierjährige) Tochter stärker auf den Vater, der Sohn stärker auf die Mutter fixiert.

Deutlich wurde weiter, daß männliche Einzelkinder uneinheitlicheren, widersprüchlicheren Erziehungs- und Sozialisationseinflüssen ausgesetzt sind als weibliche Einzelkinder. Dies rührt vor allem daher, daß ihre Mütter häufig eine liberalere Geschlechtsrollenerziehung praktizieren als ihre Väter. Diese erreichen oft besonders hohe »Männlichkeitswerte« und sehen es nicht gern, wenn ihre Söhne mit »Mädchen-Spielzeug« spielen. Einzelkind-Jungen selber erleben ihre gleichaltrigen Spielfreunde zwar als flexibel, aber als nicht so tolerant gegenüber abweichendem Geschlechtsrollenverhalten. Demgegenüber geht es Einzelkind-Mädchen besser: ihre Mütter, Väter und gleichaltrigen Spielfreunde sind durchgängig toleranter und haben mehr Verständnis für »zwittriges« Verhalten und das gleichzeitige Vorhandensein von »männlichen« und »weiblichen« Rollenmerkmalen.

Zusammenfassend kann also festgehalten werden, daß sich im Hinblick auf die Geschlechtsrollenentwicklung einige für Einzelkinder und ihre familiale und soziale Umwelt charakteristische Besonderheiten aufzeigen lassen: Einzelkinder erweisen sich in einer ganzen Reihe von Verhaltensbereichen als weniger rollenkonform und traditionsorientiert als Geschwisterkinder. Dies gilt für männliche Einzelkinder in eingeschränkterem Umfang als für weibliche Einzelkinder, was damit zusammenhängt, daß erstere insgesamt widersprüchlicheren und uneinheitlicheren Einflüssen besonders von seiten ihrer Eltern ausgesetzt sind. Diese haben zwar insgesamt betrachtet ein geringeres Bedürfnis, Geschlechtsunterschiede zu betonen, Väter von männlichen Einzelkindern praktizieren jedoch nicht selten ein weniger flexibles, auf Rollenkonformität hin orientiertes Erziehungsverhalten.

Kann geschwisterlos Aufwachsen Homosexualität bedingen?

Seit ungefähr 15 Jahren bemüht sich die Forschung um eine seriösere Beantwortung dieser Frage. Man vergleicht Homosexuelle mit unterschiedlichem Geburtsrangplatz (Einzelkinder, Erst-, Zweit- und Spätergeborene) und kontrolliert Einflußfaktoren, wie elterlicher Erziehungsstil, Eltern-Kind-Beziehung und -Identifikation, innerfamiliale Kommunikation usw., von denen man annimmt, daß sie sich auf die Sexualentwicklung auswirken.

125

In einer Studie von Robert A. Hogan et al. (1980) wurden geschwisterlose Homosexuelle, Homosexuelle mit Geschwistern und geschwisterlose Nichthomosexuelle (Kontrollgruppe) miteinander verglichen. Eine ganze Reihe von Unterschieden zwischen den Gruppen konnten nachgewisen werden, z.B. im Hinblick auf die Qualität der Identifikation mit den Eltern, Sexualentwicklung, Einstellungen zu Ehe und Freundschaft, Wahrnehmung des eigenen und anderen Geschlechts, Persönlichkeitseigenschaften. Nicht zu belegen war ein Zusammenhang zwischen Geschwisterlosigkeit und Homosexualität.

Zusammenfassung der Ergebnisse dieser und anderer Studien:

> Die Entwicklung von Homosexualität läßt sich mit Sicherheit nicht auf die Tatsache des Keine-Geschwister-Habens zurückführen. Beim gegenwärtigen Erkenntnisstand ist davon auszugehen, daß sich Homosexualität ausbildet auf dem Hintergrund komplexer Wechselwirkungen zwischen verschiedenen Einflußfaktoren, die *teilweise in der Person, teilweise in ihrem Umfeld* wurzeln.

Ungünstige Konstellationen in der Ein-Kind-Familie

Die Untersuchung von Hogan und Mitarbeitern liefert Anhaltspunkte dafür, daß es in Ein-Kind-Familien Konstellationen gibt, welche die Ausbildung von Homosexualität insbesondere bei Mädchen begünstigen. Vergleichbare Konstellationen gibt es natürlich auch in Zwei-Kind-Familien, doch ist nicht ganz von der Hand zu weisen, daß die geschwisterlose Situation zur verstärkten Wirkung bestimmter Einflüsse beitragen kann, da die »Pufferzone«, welche Geschwister füreinander sein kön-

nen und vor Vernachlässigung oder Übergriffen von seiten der Eltern Schutz bietet, fehlt.

> Geschwisterlosigkeit kann dann besonders ungün-
> stige Entwicklungen mit sich bringen, wenn die
> Einzelkinder in einer familialen Atmosphäre, die
> durch Lieblosigkeit, Kälte und Zurückweisung cha-
> rakterisiert ist, aufwachsen. Einzelkindsein oder
> Geschwisterhaben hat ursächlich nichts zu tun mit
> der Ausbildung bzw. Verstärkung homosexueller
> Neigungen.

Einzelkinder sind jedoch verletzbarer als Geschwisterkinder, wenn sie kontinuierlich und sozusagen »unge-
puffert« negativen Elterneinflüssen ausgesetzt sind. Sie
haben es besonders dann schwerer, der seelischen und
sozialen Isolation zu entkommen, wenn in ihrem Umfeld
geschwisterähnliche Bezugspersonen nicht zur Verfügung
stehen.

Im typischen Fall entwickelte sich Homosexualität
bei Einzelkindern, die sich von beiden – konservativ
orientierten – Eltern weder gemocht noch anerkannt
fühlten. Weibliche Homosexuelle vermißten Akzeptanz
von seiten ihrer Mütter, spürten teilweise sogar Zurückweisung und konnten sich dadurch mit diesen nicht identifizieren. Auch von den Vätern fühlten sie sich im Hinblick auf weibliche Einstellung und Verhalten nicht unterstützt. Die Ehe ihrer Eltern erlebten sie zumeist als
weniger glücklich. Von außen betrachtet lassen sich so
also die Beziehungen zwischen den Familienmitgliedern
als distanziert, unsensibel, kalt und abständig charak-
terisieren. Familie ist hier kein Ort, der Geborgenheit
vermittelt, sondern hinterläßt bei den betroffenen Kindern Gefühle von Einsamkeit und Verlassenheit.

Verglichen mit den weiblichen Homosexuellen aus Mehr-Kind-Familien sind die geschwisterlosen homosexuellen Frauen introvertierter, sozial isolierter, inaktiver und anpassungsgeneigter. Vielleicht sind es die Verletzungen, die sie in der Kindheit erfahren haben, als sie Nähe und Zuwendung bei den Eltern suchten und zurückgewiesen wurden, die hier im wesentlichen als Erklärung für diese Eigentümlichkeit herangezogen werden müssen. Da Geschwister als Nähe-Ersatz nicht zur Verfügung standen, suchte und fand man die körperliche (und sexuelle) Nähe oft bei Gleichaltrigen gleichen Geschlechts. Trotz dieser frühen sexuellen Erfahrungen wurde von sexueller Befriedigung und Erfüllung in späteren Beziehungen (ermittelt anhand der Orgasmushäufigkeit) seltener berichtet, als dies bei Homosexuellen mit Geschwistern der Fall war.

Kindliche Sexualität als Nähe-Ersatz?

Die Zurückweisung, die in der Kindheit erlebt wird, bezieht sich nicht nur auf die Eltern, sondern auch auf gleichaltrige Bezugspersonen. 84 % der geschwisterlosen weiblichen Homosexuellen berichteten, daß die von ihnen am meisten geschätzte Freundin sich oft ablehnend ihnen gegenüber verhielt. Erwähnt wird auch, daß sie als Jugendliche von gleichgeschlechtlichen Bezugspersonen häufig als geschlechtsneutrale Wesen betrachtet wurdem, obwohl sie selbst starke weibliche Identifikationsbedürfnisse verspürten. Viele Befragte erinnerten sich daher an ihre Jugend als eine insgesamt unerfreuliche und streßreiche Zeit. Im Vergleich mit der heterosexuellen Kontrollgruppe erwies sich ein überdurchschnittlich hoher Prozentsatz der geschwisterlosen weiblichen Homosexuellen im Hinblick auf die Menstruation als schlecht unterrichtet oder gänzlich unvorbereitet. Schon in der Kindheit wurden – meist jenseits von Inzest und Mißbrauch –

sexuelle Erfahrungen mit gleichgeschlechtlichen und in etwa gleichaltrigen Bezugspersonen gemacht. Nicht abwegig ist die Vermutung, daß diese frühen sexuellen Aktivitäten und die durch sie erlebte Nähe und Vertrautheit einen Ersatz und Ausgleich bildeten für die von seiten der Eltern empfundene Kälte und Zurückweisung. Als Erwachsene gelingt es den geschwisterlosen weiblichen Homosexuellen besser, die körperliche Seite ihrer Sexualität relativ offen auch in nichtprivaten Situationen zu zeigen, offener jedenfalls als die homosexuellen Frauen mit Geschwistern und die heterosexuellen Frauen der Kontrollgruppe. Möglicherweise hängt dies damit zusammen, daß sie schon als Kinder von sich aus die körperliche Nähe zu gleichgeschlechtlichen Wesen gesucht haben.

Selbstwahrnehmung

Wie nehme ich mich selbst wahr? Das »Selbstkonzept« wird von Persönlichkeits- und Sozialpsychologen definiert als die Summe der Wahrnehmungen, die eine Person bezogen auf sich selbst hat. Diese Wahrnehmungen, wie intelligent, zuverlässig, fleißig, verträglich, attraktiv, aggressiv, versucht man abzugrenzen von auf sich selbst bezogene Einschätzungen und Bewertungen. Jemand, der sich als intelligent wahrnimmt, wird dies sehr wahrscheinlich auch positiv bewerten, während Selbstwahrnehmungen wie »ich bin ehrgeizig« oder »ich bin zurückhaltend« von Person zu Person (und möglicherweise auch von Situation zu Situation) sehr unterschiedlich bewertet werden können. Die Summe der auf sich selbst bezogenen Bewertungen machen das Selbstwertgefühl einer Person aus und Selbstwahrnehmungen, Selbsteinschätzungen und Selbstwertgefühl bilden das »Selbst« dieser Person.

Natürlich ist die Unterscheidung von Selbstwahrnehmungen und Selbsteinschätzungen eine künstliche.
Wenn wir über unsere Selbstbeobachtungen nachdenken,
können wir oftmals nicht eindeutig sagen, ob wir diese
oder jene an uns festgestellte Eigenschaft nur wahrgenommen oder nicht gleichzeitig auch bewertet haben. Es
liegt auch auf der Hand, daß wir die auf uns selbst
bezogenen Bewertungen nicht »im leeren Raum« treffen,
sondern natürlich in Abhängigkeit davon, wie wir von
uns wichtigen Bezugspersonen und -gruppen im Hinblick
auf die jeweilige Eigenschaft beurteilt werden. Ein Kind
wird sich schwertun, sich weiterhin für aufgeweckt und
gescheit zu halten, wenn ihm von Eltern und Lehrern
ständig das Gegenteil signalisiert wird. Viele Sozialpsychologen meinen deshalb, daß das Bild, das wir von uns
selbst haben, und das Bild, das die anderen von uns
haben, zwar häufiger nicht deckungsgleich sind, aber
doch in hohem Maße und im Verlaufe des Heranwachsens immer mehr korrespondieren.

Rolle der Geschwister und Eltern bei der Selbstkonzept-Entwicklung

Die Frage ist, welcher Stellenwert Geschwistern
(neben anderen sozialen Bezugspersonen) bei der Ausbildung des Selbstkonzeptes zukommt und ob Kinder, die
ohne Geschwister aufwachsen, ein anderes – möglicherweise mangelhaftes oder unzulängliches – Selbstkonzept
ausbilden, weil bei ihnen die Kritik und Rückmeldung
ebenbürtiger Partner zu kurz kommt.

In älteren Untersuchungen wurden mehrfach Belege dafür zusammengetragen, daß Einzelkinder ein insgesamt positiveres Selbstkonzept haben als Geschwisterkinder. In neueren, methodisch fundierteren Untersuchungen
ließen sich diese Befunde nicht bestätigen. In älteren Studien begnügte man sich zumeist damit, Kinder lediglich

Abb. 17. Geschwister als Pufferzone können zuweilen schmerzhaft vermißt werden.

beurteilen zu lassen, wie sie sich selbst (eigene Fähigkeiten, Leistungen, Produkte, äußeres Aussehen usw.) im Vergleich mit anderen einschätzen: Bist Du ein guter Schüler / ein sportlicher Typ / musisch begabt / sprachlich begabt / mathematisch begabt? Kindern, deren Selbsteinschätzungen wenig positiv ausfielen, wurde ein negatives Selbstkonzept zugeordnet. In jüngeren Studien wurde z.B. zusätzlich einbezogen, welche *objektiven* Leistungen im Einzelfall vorlagen (z.B. das Lehrerurteil oder die Schulzensuren und Klassenarbeitbenotungen) und welche Bezugsgruppen von den befragten Kindern verwendet wurden: Orientierten sie sich bei ihrer Selbsteinschätzung eher an besseren oder eher an schlechteren Schülern?

In solchen Untersuchungen wurde immer wieder belegt, daß das Vorhanden- oder Nichtvorhandensein von Geschwistern für die Entwicklung eines positiven Selbstkonzepts bzw. für die Ausbildung bestimmter Selbstkonzeptinhalte keine wichtige Rolle zu spielen scheint.

Eine größere Bedeutung ist dem elterlichen Erziehungsstil und der Art und Weise, wie in der Familie Gespräche geführt und Probleme behandelt werden, beizumessen. Familien, in denen den Heranwachsenden die Möglichkeit eingeräumt wird, sich offen zu äußern und auch abweichende Ansichten und Meinungen der Kinder von den Eltern toleriert werden, begünstigen den Aufbau positiver Selbstkonzeptinhalte. Familien, in denen viel unter den Tisch gekehrt wird, um Konflikte zu vermeiden, oder Familien, in denen elterliche und kindliche Standpunkte miteinander vermischt werden, um nach außen Einigkeit und Harmonie demonstrieren zu können, oder auch Familien, in denen eine belastete und unbefriedigende Partnerbeziehung zwischen den Eltern besteht, beeinträchtigen dagegen häufig die Ausbildung eines positiven Selbstkonzeptes.

Einige klinische Psychologen und Familientherapeuten nehmen an, daß ohne Geschwister aufwachsende Kinder gefährdeter sind, wenn sie in Familien, in denen Kommunikationsprobleme bestehen, groß werden. Solchen Kindern stehen innerhalb ihrer Familien keine Möglichkeiten der Entlastung zur Verfügung; Geschwisterkinder dagegen können Bündnisse eingehen, z.B. mit einem Elternteil oder einem anderen Geschwister, und sich dadurch zumindest teilweise den ungünstigen Einflüssen gestörter Kommunikation entziehen. Ungeklärt ist, inwieweit nicht auch ein Gegengewicht und Ausgleich geschaffen werden kann durch ungestörte und offene Kommunikation mit gleichaltrigen oder älteren Bezugspersonen außerhalb der Familie.

Festgehalten werden kann jedenfalls, daß es keine Anhaltspunkte dafür gibt, daß

- sich die Tatsache des ohne Geschwister Aufwachsens auf die Selbstkonzeptentwicklung auswirkt und
- sich Einzelkinder in ihrem Selbstkonzept von Geschwisterkindern unterscheiden.

Einfühlungsvermögen

Die Annahme, daß sich Einzelkinder schwerer tun, sich in eine andere Person einzufühlen, weil sie in ihrer Kindheit zu wenig Gelegenheit haben, Einfühlung gegenüber Gleichaltrigen zu praktizieren, erscheint plausibel. Sie geht von der Überlegung aus, daß ein Kind Gelegenheiten haben muß, sich mit seinesgleichen zu befassen, um Einfühlung zu erlernen. Besonders günstig sollten Situationen sein, in denen spontan Mitgefühl ausgelöst wird, z. B. dadurch, daß einer vertrauten (einem selbst möglichst ähnliche, also beispielsweise ungefähr gleichaltrige) Bezugsperson ein Mißgeschick widerfährt. Geschwisterkinder erleben des öfteren solche und ähnliche Situationen im alltäglichen Zusammensein mit ihren Brüdern oder Schwestern. Daß Mitgefühl oder Mitleid bereits in der frühesten Kindheit reflexartig ausgelöst werden kann, steht nach Ansicht vieler Entwicklungspsychologen zweifelsfrei fest. Die bekannte Wiener Entwicklungspsychologin Charlotte Bühler lieferte dafür schon in den zwanziger Jahren Belege. Sie beobachtete die ansteckende Wirkung des Weinens in Kinderkrankenhäusern. Wenn ein Baby in dem großen Klinikraum, in dem noch viele weitere Kleinkinder untergebracht waren, zu weinen begann, dauerte es nicht lange, bis sich andere

Kinder anschlossen und schließlich fast alle weinten oder zumindest Unbehagen ausdrückten.

Einzelkindern und auch erstgeborenen Geschwistern wird unterstellt, daß sie weniger stark mit spontanem Mitgefühl reagieren, weil sie ständig (oder eine Zeitlang) ohne Geschwister waren, die ihnen hätten Gelegenheit verschaffen können, Einfühlungsvermögen aufzubauen.

Einige Psychologen gehen davon aus, daß auch Einzelkinder und Erstgeborene, die während ihrer geschwisterlosen Zeit häufiger Kontakt mit erwachsenen Bezugspersonen hatten, Einfühlungsvermögen entwickeln. Dieses entfaltet sich jedoch leichter, wenn sie mit ihnen unähnlichen (hilfsbedürftigen oder sich in Not befindenden) Personen konfrontiert werden. Bei Spätergeborenen wird Mitgefühl dagegen eher ausgelöst, wenn sie es mit ihnen ähnlichen Personen zu tun bekommen, weil sie in ihrer Kindheit häufiger Kontakt mit kindlichen Bezugspersonen hatten.

Zwei Komponenten von Einfühlung

In psychologischen Untersuchungen unterscheidet man häufig zwei Komponenten an Einfühlungsvorgängen:

- *Empathie*, das ist das unmittelbare gefühlsmäßige Mitempfinden und
- Rollenübernahme (»role taking«), d.h. man versetzt sich vom Verstand geleitet in die Lage, innere Verfassung und äußere Situation eines anderen.

Beide Komponenten von Einfühlungsvorgängen wurden meist mit Hilfe experimenteller Versuchsanordnungen erfaßt: den Versuchspersonen wurden bestimmte experimentelle Reize vorgegeben und ihre Reaktionen registriert. Beispielsweise präsentierte man ihnen Fotos,

Filme oder reale Situationen von Personen in Notlagen und ermittelte ihre physiologischen und vegetativen Reaktionen (Veränderungen von Puls, Atmung, Herzschlag, erhöhte Schweißabsonderung).

In einer eigenen Untersuchung (Kasten 1986) wurden Kindergarten- und Vorschulkindern großformatige Bildtafeln vorgelegt, auf denen jeweils ein Kind, das sich in einer Notlage oder Bedrängnissituation befindet, dargestellt war. Jedes untersuchte Kind hatte Gelegenheit, sich mit einer Bildtafel ausführlich zu beschäftigen. Dann wurden ihm 4 Einlegfiguren gegeben, und es wurde aufgefordert, eine Figur auszuwählen, die seiner Meinung nach am besten in die Bildtafel paßte: der Helfer, der Mitfühlende, der Gleichgültige oder der Schadenfrohe. Gezeigt werden konnte, daß jüngere, 3- bis 4jährige Kindergartenkinder zwar durchweg die Not- oder Bedrängnissituation des auf der jeweiligen Bildtafel dargestellten Kindes richtig erkannten (= verstandesmäßige Rollenübernahme) und wohl auch unmittelbar gefühlsmäßig nachvollzogen (=Empathie), aber meist ziemlich unsicher waren, wenn sie eine Figur auswählen sollten, die am besten in die Bildtafel paßte. Ältere Kindergarten- und Vorschulkinder hatten dabei kaum Probleme. Sie wählten in der Regel die Helfer bzw. die Mitgefühl zeigende Einlegefigur und plazierten sie an der richtigen Stelle in der Bildtafel. Von Mädchen wurde insgesamt etwas häufiger die Mitgefühl zeigende Figur gewählt, und ältere Vorschuljungen bevorzugten zuweilen auch einmal die schadenfrohe Figur.

Keine Unterschiede zwischen Kindern mit und Kindern ohne Geschwister

Untersuchungsergebnisse zu diesem Thema fallen widersprüchlich aus. Die beiden Schweizer Psychiater C. Ernst und J. Angst (1983), die zu Beginn der achtziger

Jahre die gesamte einschlägige Forschung auswerteten, kamen zu der Überzeugung, daß ein Zusammenhang zwischen dem Vorhandensein/Nichtvorhandensein von Geschwistern und größerem/niedrigerem Einfühlungsvermögen nicht zu belegen sei.

In neueren Arbeiten, die sich mit der Entwicklung von Empathie und Rollenübernahme befassen, wird auf das gleichzeitige Vorhandensein von gefühlsmäßigen und verstandesmäßigen Anteilen beim Zustandekommen von Einfühlungsvorgängen aufmerksam gemacht.

Nicht abgestritten wird, daß es sich bei der spontanen Reaktion eines Neugeborenen auf das Weinen anderer Kinder um einen angeborenen Reflex handeln kann. Auch das unmittelbare, blitzschnelle Erkennen mimischer Grundmuster (Angst, Freude, Trauer, Wut) hat möglicherweise genetische Wurzeln, denn in der Evolution des Menschen war es zuweilen sicher nicht nur hilfreich, sondern lebenswichtig, das Ausdrucksverhalten anderer Individuen richtig zu deuten.

Man nimmt jedoch an, daß im Verlauf des Heranwachsens weitere, über den Verstand und die soziale Umwelt vermittelte Mechanismen hinzukommen, welche Einfühlungsvorgänge erleichtern oder auch hemmen können. Wenn ein Kind sieht, wie ein anderes sich weh tut, dann wird es dessen Schmerzen leichter nachvollziehen können, wenn ihm selbst bereits einmal ähnliches widerfahren ist, es also auf eigene Erfahrungen zurückgreifen kann. Wenn ihm eine eigene Erfahrungsgrundlage fehlt, fällt es ihm möglicherweise schwer, die Notlage des anderen zu verstehen, und es kommt keine Einfühlung zustande. Dies wird bei jüngeren Kindern in entsprechend komplizierten Situationen sicher häufiger der Fall sein als bei älteren Kindern.

Andere soziale und zwischenmenschliche Erfahrungen als das Ohne-Geschwister-Groß-Werden scheinen für die Ausbildung von Einfühlungsfähigkeiten eine wichtigere Rolle zu spielen, z. B. das Vorhandensein von älteren Bezugspersonen, nicht zuletzt von Eltern, deren Vorbildverhalten – gerade das von Vätern, die ihre »zarten« Gefühle nicht verbergen, sondern offen zeigen und zu ihnen stehen – oftmals übernommen wird.

Zusammenfassend kann also festgehalten werden, daß Geschwisterkinder nicht mehr Einfühlungsvermögen haben als Einzelkinder.

Elternbindung und -loslösung

In Veröffentlichungen über Einzelkinder stößt man sehr häufig auf die Behauptung, daß zwischen ihnen und ihren Eltern eine besonders enge Bindung vorliegt, die eine Ablösung im Jugendalter erschwert. Eine Reihe von Argumenten sprechen für die Gültigkeit dieser Behauptung.

Die Geschwisterlosigkeit bringt es mit sich, daß die Eltern alle ihre Erwartungen, Wünsche, Hoffnungen, Ängste und Befürchtungen auf das eine Kind richten. Dieses wird dadurch überfordert, vor allem dann, wenn die auf ihr Kind bezogenen Gefühle der Eltern zwiespältig sind. Geschwister können eine Pufferzone bilden, die dazu beiträgt, daß sich die positiven und negativen Impulse der Eltern verteilen.

Unterstellt werden kann, daß das Zusammenleben in immer kleineren Familien gleichsam automatisch zu immer intensiveren, dichteren und aufgeheizteren Beziehungen zwischen den Mitgliedern führt. Wenn auch die Zahl und Intensität der Kontakte zu Personen außerhalb der Familie (Freunde, Bekannte, Verwandte, Nachbarn) abnimmt, verstärken sich noch die Bindungen zwischen den Eltern und ihrem Kind.

Angesichts der Tatsache der mehr und mehr um sich greifenden »Pädagogisierung der Kindheit« wird es für Einzelkinder noch schwerer, spontane Kontakte zu Gleichaltrigen aufzunehmen: die Nachmittage sind vollgestopft mit pädagogischen Förderprogrammen, Musik- und Balettunterricht, Sport und Turnen, Bastel- und Töpferkurse usw.

Familien mit nur einem Kind sind zudem nachweislich schneller bereit, einen beruflich bedingten Umzug in Kauf zu nehmen. Dadurch werden häufig Beziehungen abgebrochen, die sich gerade im Aufbau befinden.

Der Münchner Soziologe Ulrich Beck (1986) macht darauf aufmerksam, daß in den letzten Jahrzehnten zwischenmenschliche Beziehungen als solche offener, widerrufbarer und kurzlebiger geworden sind. Wie die wachsenden Scheidungsquoten dokumentieren, gilt das auch für die Beziehung der Ehepartner zueinander. Oftmals stellt das Kind die einzige verläßliche und damit unentbehrlich werdende Bindungsperson dar, an die sich die Eltern klammern und die sie nicht loslassen können.

Einzelkinder als Partnerersatz

In Ein-Eltern-Familien besteht die Gefahr, daß Kinder zum Partnerersatz werden. Nicht nur bei Alleinerziehenden (aber bei diesen vielleicht besonders häufig) kann das Kind einen so zentralen Stellenwert einnehmen, daß es das ganze Leben der elterlichen Bezugsperson mit Sinn erfüllt. Die Mutter oder der Vater leben allein für das Kind, das zu einem Gegenpol in der als sinnentleert erlebten Arbeits- und Leistungswelt wird.

Elisabeth Beck-Gernsheim (1985) geht davon aus, daß Kinder zunehmend »Kopfgeburten« sind, d.h. (insbesondere) von ihren Müttern sehr bewußt geplant, gewollt oder auch aufgeschoben werden. Dies trifft in besonderem Maße auf Kinder älterer, alleinlebender Mütter zu, die sich ihren Kinderwunsch ohne festen Beziehungspartner erfüllt haben und für die das Kind ein Stück Verwirklichung von Frausein bedeutete.

Spätestens seit den Kleinkinduntersuchungen von Renè Spitz wird die existenzielle Notwendigkeit der Mutter-Kind-Bindung als einer fundamentalen Primärbeziehung des Menschen immer wieder betont. Sie ist verantwortlich für das Entstehen von Urvertrauen (in das Gute der Welt und die eigene Kraft und Stärke, ein erfülltes Leben zu führen). Die seit Jahrzehnten ohne Einschränkung geforderte frühe Symbiose von Mutter und Kind beruht möglicherweise auf einer Überschätzung der Bedeutung der Mutter-Kind-Bindung. In vergangenen Jahrhunderten war es z. B. durchaus üblich, daß Mütter ihre Kinder fortgaben, an Ammen und an Frauen auf dem Lande, die billige Arbeitskräfte brauchten.

Zweifellos kann die heute gültige Wertorientierung, welche den zentralen Stellenwert der menschlichen Primärbeziehungen betont, dazu beitragen, daß sich zwischen Einzelkindern und ihren Müttern Fixierungen ausbilden.

Der Mittelweg zwischen Überbehütung und Distanz

Angesichts dieser erdrückenden Zahl von Argumenten, welche eine besonders intensive Beziehung zwischen Einzelkindern und ihren Müttern bzw. Eltern zumindest wahrscheinlich machen, fällt es schwer, einsichtige gegenteilige Begründungen zu formulieren. Die sozialen Mängel und Ausfallserscheinungen, die Einzelkindern jahrzehntelang vorurteilshaft unterstellt wurden, können zwar mittlerweile auf wissenschaftlicher Grundlage als nicht haltbar zurückgewiesen werden, aber das

Bindungs- und Ablösungsverhalten ist nur sehr selten zum Forschungsgegenstand gemacht worden. Die Forschungsergebnisse darzu sind widersprüchlich, so daß zum gegenwärtigen Zeitpunkt noch keine eindeutigen Schlußfolgerungen möglich sind.

Man weiß, daß eine vergleichsweise kleine Gruppe von Einzelkindern (ungefähr 17 %) in unvollständigen, nicht dem »Normalfall« der Kernfamilie entsprechenden familialen oder familienähnlichen Verhältnissen lebt; bei Geschwisterkindern sind es nur ungefähr 10 %. Man kann auch davon ausgehen, daß Einzelkinder im Durchschnitt einem größeren Wechsel und größerer Veränderung ausgesetzt sind, was ihre vorschulische und schulische Laufbahn und ihre Betreuung innerhalb und außerhalb der Familie betrifft. Zumindest bezogen auf die Gruppe der nicht in Kernfamilien aufwachsenden Einzelkinder könnte also vermutet werden, daß die größere Fluktuation und Diskontinuität in ihrer Entwicklung dazu beiträgt, daß eine Fixierung auf die zentralen Bezugspersonen verhindert und eine Ablösung von denselben erleichtert wird.

Man weiß mittlerweile auch, daß sich Frauen gerade deshalb auf ein Kind beschränken, weil sie es dadurch besser schaffen, Mutterrolle, Haushalt und Berufstätigkeit miteinander zu vereinbaren. Mütter, die spätestens dann, wenn Kinder in die Obhut eines Kindergartens gegeben werden können, in den Beruf zurückgehen, sehen sich genötigt, ihr Kind – auch innerlich und gefühlsmäßig etwas – loszulassen. Und gerade alleinerziehende, berufstätige Eltern dürften in der Regel sehr daran interessiert sein, die Unabhängigkeit und Selbständigkeit ihres Kindes schon von früh an zu fördern.

Diese Argumentationskette spricht dafür, daß es Einzelkinder im Regelfall nicht schwerer haben sollten als Geschwisterkinder, sich aus ihrer frühkindlichen Bindung an die elterlichen Bezugspersonen zu lösen. Natürlich muß betont werden, daß der elterlichen Haltung in jedem Falle ausschlaggebende Bedeutung beizumessen ist. Es liegt in der elterlichen Verantwortung, zwischen Überbehütung und Distanz den richtigen Mittelweg zu finden und es dem Kind so zu ermöglichen, sich allmählich abzunabeln und auf eigene Beine zu stellen. Wahrscheinlich kann diese Verantwortung leichter von Eltern wahrgenommen werden, in deren Leben es - neben der Elternrolle - noch andere Werte, z. B. die Partnerschaft, den Beruf und außerberufliche Interessen, gibt. Daß Kinder zum Mittelpunkt der Wertwelt und alleinigen Lebensinhalt solcher Eltern werden, ist unwahrscheinlich und die Gefahr einer gegenseitigen Fixierung und unauflösbaren, starren Bindung kaum vorhanden.

Persönlichkeitsmerkmale und Charaktereigenschaften

Einzelkinder wurden – und werden teilweise noch heute – als egoistisch, unangepaßt, altklug, frühreif, verzogen, rücksichtslos, unsozial, kontaktarm, introvertiert, neurotisch und insgesamt als recht schwierige und typische Problemkinder angesehen. Die Wurzeln dieser Vorurteile lassen sich zurückverfolgen bis ins neunzehnte Jahrhundert, einer Zeit also, in der Einzelkinder eine sehr seltene, geradezu exotische Erscheinung waren.

Ende des neunzehnten Jahrhunderts lebten in der deutschen Durchschnittsfamilie fünf bis sechs Kinder. Das Schicksal, während dieser Zeit als Einzelkind aufgewachsen zu sein, mag seine dauerhaften Spuren hinterlassen haben. Doch die erfahrungswissenschaftlichen Belege dafür fehlen und eine nachträgliche Überprüfung des

Werdegangs und der Sozialisation der damaligen Einzelkinder erscheint kaum durchführbar.

Ganz anders aber stellt sich die Situation der heutigen Einzelkinder dar, denn die Ein-Kind-Familie kommt mittlerweile häufiger vor als die Zwei-Kind-Familie; Drei- und Mehr-Kind-Familien dagegen haben heute nur noch einen Anteil von ungefähr 10 %. Im Durchschnitt sind in der bundesdeutschen Familie noch knapp 1,5 Kinder anzutreffen. Im Verlauf der letzten Jahrzehnte sind Einzelkinder also von der seltenen Ausnahme immer mehr zur Regel geworden. Auch die familialen und au-ßerfamilialen Lebensbedingungen, unter denen Einzelkinder heute aufwachsen, sind nicht mehr ungewöhnlich und ausgefallen, sondern ähneln in vielerlei Hinsicht denen von Zwei- und Mehr-Kind-Familien. Dies gilt z. B. weitgehend für die Kindergartenzeit, die Schullaufbahn und die sozialen Netzwerke. Gezeigt wurde auch, daß es Ein-Kind-Familien gibt, die besonders günstige bzw. weniger günstige Lebensbedingungen bieten.

Die »Lebensumstände« prägen die Persönlichkeit

In neueren Untersuchungen wurden immer mehr Belege dafür zusammengetragen, daß Einzelkinder in der Regel nur dann besondere Eigenarten ausbilden, wenn sie unter bestimmten Lebensumständen aufwachsen, hinsichtlich derer sie sich von Geschwisterkindern unterscheiden. Solche »Lebensumstände« können z. B. materiell-ökologischer Art (Wohnort, Wohnumgebung, Wohnung), aber auch ökonomischer Art (finanzielles Einkommen der Familie) sein oder mit dem Bildungsniveau, der Berufstätigkeit und der Schichtzugehörigkeit der Familienmitglieder zusammenhängen.

Es macht einen Unterschied, ob ein Einzelkind bei einer drogenabhängigen, ledigen Teenagermutter aufwächst oder bei einer 38jährigen Karrierefrau, für die Schwangerschaft und Muttersein geplante Ziele auf dem Wege zur Selbstverwirklichung darstellen. Es macht einen Unterschied, ob ein Einzelkind von einer berufstätigen, getrennt von ihrem Partner lebenden Mittzwanzigerin aufgezogen wird oder von einer Pflegemutter, weil die leibliche Mutter persönliche Gründe hatte, das Kind nach der Geburt zur Adoption frei zu geben. Und es ist nicht gesagt, daß unter den Bedingungen des statistischen Normalfalls – als leibliches Kind miteinander verheirateter, zusammenwohnender Eltern – geboren zu werden, bedeutet, daß gleichförmige Erziehungs- und Sozialisationsbedingungen vorliegen, die sich in gleicher Weise auf die betroffenen Einzelkinder auswirken.

Das *Vorliegen besonderer Lebensumstände* ist im Regelfall wichtiger als die Tatsache des Keine-Geschwister-Habens und sollte stärker in Betracht gezogen werden, wenn man sich bemüht, die Ausbildung besonderer Persönlichkeitsmerkmale bei Einzelkindern zu erklären.

Ergebnisse einer Literaturdurchsicht

Lassen sich die im Vorurteil immer wieder behaupteten sozial-zwischenmenschlichen Mängel und Unzulänglichkeiten von Einzelkindern wissenschaftlich belegen? Diese Frage stand im Mittelpunkt unser kritischen Überprüfung der in neuerer Zeit veröffentlichten Untersuchungen.

Die Forschung hat sich mit teilweise sehr unterschiedlichen Persönlichkeitsmerkmalen, die mit Hilfe sehr verschiedenartiger Erhebungsverfahren und Meßinstrumente erfaßt wurden, beschäftigt: Abhängigkeit, Anschlußbedürfnis, Ängstlichkeit, Aggressivität, Autonomie, Beliebtheit, Dogmatismus, Dominanz, Egoismus,

Empathie, Extraversion, Homosexualität, Introversion, Konformität, Kreativität, Leistungsbedürfnis, Neurotizismus, Personbezogenheit, Popularität, Problembelastetheit in zwischenmenschlicher Hinsicht, Reizbarkeit, Sachbezogenheit, Selbstschätzung, Selbstzentriertheit, Sensibilität, Unangepaßtheit und weitere Persönlichkeitsmerkmale wurden untersucht. Verwendung fanden dabei experimentelle Versuchsanordnungen, Beobachtungsverfahren, Interviews in natürlichen Situationen und »reaktive« Methoden, wie Checklisten, Einschätzskalen, Fragebögen und Tests.

> Festzuhalten ist, daß sich für die allermeisten der aufgezählten Persönlichkeitsmerkmale keine verallgemeinerungsfähigen Unterschiede zwischen Einzelkindern und Kindern mit Geschwistern nachweisen lassen.

Nicht selten kann für ein Forschungsergebnis seine Umkehrung und negative Entsprechung ausfindig gemacht werden – der Forschungsstand insgesamt ist sehr widersprüchlich und verworren. Betrachtet man die einzelnen Arbeiten näher, so fällt auf, daß nur sehr selten der Einfluß der oben erwähnten anderen Faktoren, welche die »Lebensumstände« der Person mitbestimmen (soziale Schicht, Wohnort, Bildungsniveau, berufliche Tätigkeit), kontrolliert wurde. Wenn dies im nachhinein bewerkstelligt wird, so verschwinden im allgemeinen die nachgewiesenen Unterschiede zwischen Einzelkindern und Geschwisterkindern. Nur einige wenige Ausnahmen lassen sich ausfindig machen:

> Einzelkinder konsumieren weniger Drogen als erstgeborene und letztgeborene Geschwister und unterscheiden sich im Hinblick auf Alkohol- und Niko-

tinkonsum nicht von Jugendlichen/jungen Erwachsenen mit Geschwistern.

Natürlich läßt sich mit Recht fragen, ob diese Konsumgewohnheiten tatsächlich ihre Wurzeln haben in stabilen Persönlichkeitseigenschaften und auch wirklich entstanden sind aufgrund der Tatsache des Keine-Geschwister-Habens: Geschwister können einem ein schlechtes, aber auch ein gutes Vorbild sein! Möglicherweise macht die Annahme mehr Sinn, daß es wieder die besonderen Lebensumstände sind, z. B. die ungeteilte elterliche Zuwendung oder die gesicherten ökonomischen und sozialen Familienverhältnisse, welche vielen Einzelkindern Halt und Stütze geben und Verführungen aus dem Kreise Gleichaltriger unbeschadet überstehen lassen.

Extraversion – Introversion
Mit diesen beiden Persönlichkeitsmerkmalen befaßt sich die psychologische Forschung schon seit Jahrzehnten. Extravertierte Menschen sind stärker nach außen orientiert, Kontakten gegenüber aufgeschlossen und interessiert an zwischenmenschlichen Begegnungen und sozialen Beziehungen. Introvertierte Menschen sind stärker nach innen orientiert auf die eigene Person und/oder auf Gegenstände und Sachen, mit denen sie sich innerlich intensiv beschäftigen. Im Extremfall handelt es sich bei ihnen um kontaktarme Einzelgänger, Sonderlinge und Eigenbrötler, die sich abkapseln, liebes- und freundschaftsunfähig sind und sich nur mit sich selbst und ihren Interessen befassen. Die mittlerweile vorliegenden Erhebungsmethoden über Extraversion und Introversion, wie Beurteilungsskalen und Fragebögen, sind vielfach überprüft worden und ermöglichen eine hinreichend genaue Erfassung der Merkmalsausprägungen auch im Einzelfall.

Im Vorurteil wird Einzelkindern eine gewisse Neigung zur Introversion und zum Einzelgängertum unterstellt. Auf der Grundlage des gegenwärtigen Erkenntnisstandes muß diese Unterstellung nicht nur zurückgewiesen werden, sondern sogar durch ihr Gegenteil ersetzt werden.

Einzelkinder erwiesen sich insgesamt betrachtet als etwas extravertierter als Kinder/Jugendliche aus anderen Geburtspositionen. Das gleiche gilt für ihre soziale Umgänglichkeit. Sie nehmen darüber hinaus überdurchschnittlich häufig Führungspositionen in Gleichaltrigengruppen, Cliquen und Jugendorganisationen ein.

Mit sich selbst befassen

Einzelkinder (und Erstgeborene) werden von Bezugspersonen wie Eltern, Freunden, Lehrern häufiger als Kinder mit anderem Geburtsrangplatz als selbstzentriert beschrieben. »Selbstzentriertheit« ist abzugrenzen von Selbstsucht und Egoismus. Mit *Selbstzentrierung* ist eine positive Form des sich mit der eigenen Person Befassens und des sich auf das eigene Selbst Beziehens gemeint. Nicht von der Hand zu weisen ist hier die folgende Interpretation: Einem Einzelkind fällt es leichter, sich hin und wieder auch einmal ungestört mit sich selbst zu beschäftigen und so allmählich eine etwas selbstorientiertere Haltung aufzubauen.

Es überrascht ein wenig, daß sich weibliche Einzelkinder als noch etwas selbstzentrierter erwiesen als männliche Einzelkinder. Doch die Verallgemeinerbarkeit dieses Ergebnisses muß auf Grund der Beschränktheit der Stichprobe, an der die Untersuchung durchgeführt wurde, in Frage gestellt werden.

Innere Kontrollorientierung

Innere Kontrollorientierung hat zu tun mit der Bereitschaft, die Verantwortung zu übernehmen, bzw. sich verantwortlich zu fühlen für Dinge, Ereignisse und Situationen, die mit einem selbst zu tun haben und einem mehr oder weniger wichtig sind. Für eine mißlungene Klassenarbeit kann man, wie oben im Beispiel erwähnt, sehr unterschiedliche Ursachen angeben: die mangelnde Begabung, die unzulängliche Vorbereitung, die schlechte Tagesform, den unsympathischen Lehrer, die Unverständlichkeit der Aufgabenformulierung, den Schwierigkeitsgrad der Aufgaben, die störenden Klassenkameraden usw. Die Ursachen, die ich angebe, können sich auf Sachverhalte beziehen, die ich – aus meiner persönlichen Sicht – kontrollieren kann oder/und auch auf Sachverhalte erstrecken, die – nach meiner Einschätzung – außerhalb meiner Kontrollmöglichkeit liegen. Letzteren Fall bezeichnet die Psychologie als »externe« Kontrollorientierung, erstgenanntes Beispiel als »innere« Kontrollorientierung. Damit ist natürlich nicht unterstellt, daß die von einer Person vorher wahrgenommenen bzw. im nachhinein benannten Kontrollmöglichkeiten tatsächlich und objektiv zutreffen und richtig angegeben worden sind. Ob es wirklich die mangelhafte Vorbereitung oder der hohe Aufgabenschwierigkeitsgrad oder eine dritte – unerkannt gebliebene – Ursache war, ist unwichtig. Wesentlich ist, daß eine persönliche, subjektive Einschätzung und Ursachenzuschreibung vorgenommen wird. Nur um diese geht es der psychologischen Forschung. Die Wissenschaftler, die Kontrollüberzeugungen erfassen wollen, geben ihren Versuchspersonen eine Vielzahl unterschiedlicher Situationen und Ereignisse vor und bitten sie, jeweils anzugeben, wer oder was aus ihrer Sicht für ein Ereignis oder den in einer Situation vorgefundenen Sachverhalt verantwortlich ist.

Einzelkinder bilden eine stärkere innere und eine schwächere externe Kontrollüberzeugung aus als Kinder mit Geschwistern (siehe S. 102).

Dieses Ergebnis wird von den meisten Autoren dahingehend interpretiert, daß die Abwesenheit von Geschwistern und die dadurch – möglicherweise – auch vorhandenen größeren Erwartungen von Seiten der Eltern Kinder darin bekräftigt, in stärkerem Ausmaß ein Gefühl persönlicher Kontrolle und Verantwortung über Ereignisse, Situationen und Vorgänge, die sie betreffen, zu entwickeln. Die Anwesenheit von Geschwistern dagegen scheint den Aufbau einer äußeren Kontrollüberzeugung zu begünstigen. Geschwisterkinder neigen nämlich stärker dazu, auch einmal anderen (vielleicht ihren Geschwistern?) die »Schuld« für das Zustandekommen von sie persönlich betreffenden Angelegenheiten zuzuweisen.

Resümee

Sieht man von den Merkmalsbereichen Alkohol-, Drogen- und Nikotinkonsum, Extraversion-Introversion, Selbstzentrierung und innere Kontrollüberzeugung ab, so gibt es keine Anhaltspunkte dafür, daß Einzelkinder typische Persönlichkeitsmerkmale ausbilden, hinsichtlich derer sie sich von Geschwisterkindern unterscheiden. Auch bei diesen Merkmalen ist es keineswegs sicher, daß sie sich einzig auf Grund der Tatsache des Keine-Geschwister-Habens entwickeln. Vielleicht bilden sie sich auch aus, weil andere Faktoren zusätzlich einwirken, die von der Forschung (noch) nicht berücksichtigt wurden: Erziehungsstil und Partnerbeziehung der Eltern, Modellverhalten und Vorbilder, Einflüsse von Gleichaltrigen und Medien usw.

Insgesamt betrachtet ist es berechtigt zu behaupten, daß es typische, verallgemeinerbare Charaktereigenschaften von Einzelkindern so gut wie gar nicht gibt.

Das heißt aber nicht, daß in manchen Einzelfällen das Schicksal des Ohne-Geschwister-Großwerdens nicht doch dauerhafte Spuren hinterläßt. Diese sind dann jedoch nicht typisch für eine größere Gruppe von Einzelkindern und lassen sich auch nicht übertragen auf andere, ähnlich beschaffene Einzelfälle.

Auf jeden Fall gibt es keine wissenschaftlich fundierte Berechtigung dafür, Einzelkinder in einen Topf zu werfen und zu vergleichen mit einem anderen großen Topf »Geschwisterkinder«. Denn es liegen zum einen zahlreiche Belege dafür vor, daß die Töpfe wohl nahezu dieselben sind, d.h. daß Einzelkinder heutzutage unter Bedingungen aufwachsen, die denen von Geschwisterkindern nicht nur teilweise, sondern weitgehend entsprechen. Zum anderen aber gibt es sowohl in der Gruppe der Einzelkinder wie in der Gruppe der Geschwisterkinder so viele Teil-, Unter- und Unteruntergruppen, die sich voneinander teilweise deutlicher unterscheiden als Einzelkinder von Geschwisterkindern. Beispielsweise führt die Tatsache des mit nur einem Elternteil Aufwachsens bzw. die Berufstätigkeit beider Eltern zu vergleichbaren Effekten gleichgültig, ob ein Kind ein Geschwister hat oder keines. Zwangsläufig lassen sich aber auch Untergruppen von Einzelkindern anführen, die mit beiden Elternteilen groß werden bzw. bei denen nur ein Elternteil berufstätig ist und die sich im Hinblick auf diese wichtigen Sozialisationsbedingungen von den vorab genannten Einzelkindern unterscheiden. Zwischen solchen Untergruppen und entsprechenden Untergruppen von Geschwisterkindern dürften sich sicherlich viele Ähnlichkeiten und Entsprechungen aufweisen lassen.

Zurück zu den Ursprüngen: Die Alltagserfahrungen von Einzel- und Geschwisterkindern

Eine nordamerikanische Gruppe von Verhaltensgenetikern hat Anfang der achtziger Jahre damit begonnen, die Alltagserfahrungen von Geschwisterkindern innerhalb und außerhalb ihrer Familien direkt zu untersuchen. Ein zentrales Anliegen dieser Wissenschaftler bestand darin, die Einflüsse an der Ausbildung bestimmter Verhaltensweisen und Persönlichkeitseigenschaften herauszufiltern, die auf genetische Faktoren bzw. auf spezifische Umweltbedingungen zurückzuführen sind. In einer Reihe von Studien konnten Denise Daniels und Kollegen (1985) zeigen, daß sich sogar bei eineiigen Zwillingen die Alltagserfahrungen, die Art und Weise, wie man elterliches Verhalten und gemeinsame Freunde wahrnimmt und wie man sich gegenseitig behandelt, beträchtlich voneinander unterscheiden. Unterschiede zwischen 40 und 65 % wurden ermittelt! Geschwister, die in derselben Familie aufwachsen, machen also in dieser gleichen familialen Umwelt teilweise ganz verschiedene Erfahrungen - und sind sich darüber auch im klaren. Eltern hingegen meinen sehr häufig, daß sie ihre Kinder gleich oder doch sehr ähnlich behandeln.

Die amerikanischen Verhaltensgenetiker konnten zeigen, daß die unterschiedliche Behandlung der Kinder von Seiten der Eltern unterschiedliche kindliche Verhaltensweisen nach sich zieht. Daniels und Kollegen warnen

150

jedoch davor, diesen Zusammenhang als Ursache-Wirkung-Zusammenhang aufzufassen. Die Richtung der untersuchten Einflüsse bleibt nämlich ungeklärt. Vorstellbar ist durchaus auch, daß die Eltern ihre Kinder unterschiedlich wahrnehmen oder daß diese sich in vergleichbaren Situationen tatsächlich ganz verschieden verhalten und die Eltern darauf mit unterschiedlicher Behandlungsweise reagieren. Wenn Geschwister sich in verschiedenen Situationen unterschiedlich verhalten, kann das natürlich damit zusammenhängen, daß sie die Situationen ganz unterschiedlich wahrnehmen, aber auch damit, daß sie in der Vergangenheit unterschiedliche Erfahrungen in diesen Situationen gemacht haben und auch damit, daß sie verschiedene Erbanlagen aufweisen: Geschwister haben durchschnittlich 50 % identische Gene.

Die Wissenschaftler mußten auch zugeben, daß sie mit der Erforschung der »kritischen Umweltfaktoren«, die tatsächlich eine – wie auch immer geartete – Wirkung auf die Geschwister ausüben, noch ganz am Anfang stehen. Berücksichtigt werden muß z. B. das Vorhandensein von sogenannten sensiblen Entwicklungsphasen der Kinder, während derer äußere Einflüsse eine besonders starke Wirkung entfalten können. Auch die Tatsache, daß die heranwachsenden Geschwister immer mehr Eigeninitiative und einen immer größeren Aktionsradius aufbauen, muß in Erwägung gezogen werden. Die Heranwachsenden sind dadurch immer häufiger in der Lage und auch bereit, auf Umwelteinflüsse nicht nur passiv zu reagieren, sondern die Umwelt selbst neu- und umzugestalten. Sie setzen z. B. den Eltern so lange beharrlich Widerstand entgegen, bis diese nachgeben und ihr Verhalten ändern. Oder sie ziehen sich zurück, verweigern sich, kapseln sich vollständig ab und erreichen dadurch, daß innerhalb der Familie bestimmte, für sie unangenehme Situationen praktisch nicht mehr vorkommen.

Die vorangehenden Ausführungen machen deutlich, daß vielfältige, teilweise sehr komplizierte und verschlungene Auseinandersetzungen und Wechselwirkungen zwischen Eltern und Kindern, Geschwistern und ihrer familialen Umgebung stattfinden. Die moderne Verhaltensgenetik ist noch nicht so weit angeben zu können, welche familialen Einflüsse beispielsweise auf welche Weise bei welchen Kindern ihre Wirkung entfalten.

Zurückkommend auf die Ausgangsfragestellung nach den Alltagserfahrungen von Einzel- und Geschwisterkindern ist also festzuhalten, daß diese sich in mehr oder weniger großem Umfang unterscheiden können: zwar läßt sich an der Tatsache, daß Einzelkinder keine tagtäglichen Umgangserfahrungen mit Geschwistern haben, nicht rütteln! Doch sind Schlußfolgerungen weitreichender Art, z. B. daß sich daraus typische überdauernde Persönlichkeitseigenschaften entwickeln, nicht zulässig. Die dauerhaft prägende Wirkung von Alltagserfahrungen kann erfahrungswissenschaftlich nur sehr selten eindeutig nachgewiesen werden und sicherlich ist die Überlegung nicht abwegig, daß Einzelkinder ganz ähnliche Sozialerfahrungen wie Geschwisterkinder machen, wenn sie mit ihren Freunden und Spielkameraden regelmäßigen, »tagtäglichen« Kontakt haben.

Von einem Extrem ins andere: phantastische, einzigartige Einzelkinder!

Spätestens seit Beginn der achtziger Jahre, zu einer Zeit also, als nicht mehr zu übersehen war, daß unter Familien mit Kindern Ein-Kind-Familien die häufigste Familienform geworden waren, sind immer häufiger auch Stimmen zu vernehmen, die auf Vorteile des Einzelkindseins und auf besondere Leistungen, die von Einzelkindern vollbracht wurden, verweisen. Vom Zeitgeist unterstützt, der Individualität, Selbstbewußtsein und charismatische Ausstrahlung in der Wertehierarchie ganz oben einordnet, erinnerte man sich an die drei US-Astronauten, Einzelkinder, die als erste den Mond betraten oder an die Tatsache, daß sich unter den 23 Astronauten des Apollo-Weltraumprogramms 21 Einzelkinder bzw. Erstgeborene befanden. Ungewöhnliche, großartige, aufsehenerregende Taten – der erste Preis in einem »Jugendforscht-Wettbewerb«, die sportliche Höchstleistung, der beeindruckende Auftritt eines Schauspielers, Sängers oder Musikers – wurden in Verbindung gebracht mit Geschwisterlosigkeit bzw. dem herausragenden ersten Platz in der Geschwisterreihe. Man stellte fest, daß Einzelkinder überproportional häufig auf den Titelseiten renommierter Zeitschriften abgebildet wurden und öfter als Geschwisterkinder Erfolg und Anerkennung in vielen Bereichen des öffentlichen Lebens, in Politik, Wirtschaft, Kultur, Wissenschaft usw., gefunden hatten.

In den USA war es vor allem die Sozialwissenschaftlerin Toni Falbo, selbst ein Einzelkind, die sich intensiv darum bemühte, das negative Einzelkind-Image durch ein positives zu ersetzen. Durch Falbos Arbeiten wurden andere Kollegen/innen angeregt, eigene Untersuchungen durchzuführen. Erwähnung verdient in diesem Zusammenhang die großangelegte demographische Studie von Judith Blake (1989), in die 150.000 Kinder und Erwachsene einbezogen und für die USA repräsentative Daten aus einem Zeitraum von 15 Jahren ausgewertet wurden. Unter den zahlreichen Ergebnissen befindet sich nicht eines, das Einzelkinder negativer dastehen läßt als Geschwisterkinder. Im Gegenteil, festgestellt wurde u. a., daß Einzelkinder häufiger Führungspositionen einnehmen, eine bessere und längere Schul- und Berufsausbildung erhalten, in Intelligenztests besser abschneiden, sich

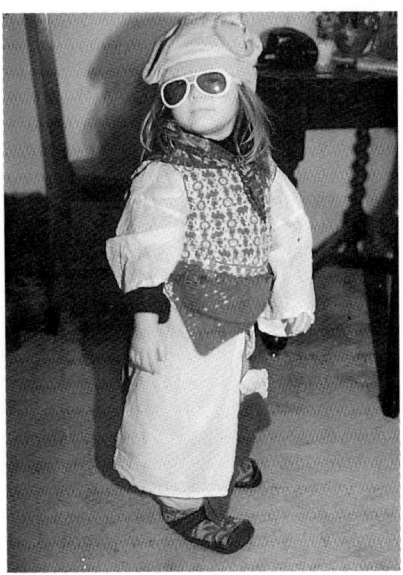

Abb. 18. Phantastische, einzigartige Einzelkinder?

sprachlich besser ausdrücken können, im Elternhaus mehr Förderung und Anregung erhalten und geselliger und sozial aktiver als Geschwisterkinder sind.

Das Fazit aus dieser Untersuchung geht deutlich einen Schritt voran auf dem Weg zu einem positiven Einzelkind-Vorurteil. Es bereitet keine Schwierigkeiten, weitere, in den späten achtziger Jahren entstandene Arbeiten ausfindig zu machen, in denen »dokumentiert« wird, wie vorteilhaft die Sozialisation von Einzelkindern verläuft und wie positiv die Resultate dieses Werdegangs einzuschätzen sind: Einzelkinder entwickeln mehr Ehrgeiz, sind erfolgsorientierter, haben ein besseres Verhältnis zu ihren Eltern, intensiveren Kontakt zu ihnen und kümmern sich stärker um ihre alten Eltern; Einzelkinder werden weniger autoritär erzogen, auf ihre Gesundheit wird besser geachtet, sie können besonders gut teilen und verkraften kritische Lebensereignisse besser als Geschwisterkinder.

Eine kritische Überprüfung der einschlägigen Veröffentlichungen macht jedoch wieder deutlich, daß wissenschaftlich nicht seriös gearbeitet worden ist und unzulässige Schlußfolgerungen gezogen worden sind: Die an Einzelkindern »dokumentierten« Vorzüge stehen keineswegs in ursächlichem Zusammenhang mit ihrer Geschwisterlosigkeit, sondern müssen in Verbindung gebracht werden mit ganz anderen Faktoren, vor allem der elterlichen Erziehung, der ökonomischen Situation der Familie und dem sozialen und ökologischen Umfeld. Um es auf den Punkt zu bringen: Wenn sich Einzelkinder ausgezeichnet entwickeln und alle Anstalten machen, eine hervorragende Position in der Gesellschaft einzunehmen, hängt das ganz sicher nicht mit der Tatsache zusammen, daß sie in Kindheit und Jugend keine Möglichkeit hatten, sich mit Geschwistern auseinanderzusetzen und Bindungen zu Geschwistern aufzubauen. Es hat vielmehr damit zu tun, daß in vielen Ein-Kind-Familien sozusagen privilegiertere Verhältnisse vorliegen: tolerante, partnerschaftlich orientierte, gut situierte Eltern, die ihrem einzigen Kind mit Zuwendung, Anregung, Förderung zur Seite stehen, es nicht überfordern und dafür sorgen, daß ihm eine gute Schul- und Berufsausbildung vermittelt wird!

4 Staatlich verordnete Geschwisterlosigkeit: China

Hintergründe

In den 30 Jahren zwischen 1950 und 1980 verdoppelte sich die Bevölkerung der Volksrepublik China nahezu: 1953 wurden 580 Millionen Menschen gezählt, 1982 waren es 1 Milliarde und 30 Millionen Menschen. Die jüngste Volkszählung von 1991 erbrachte einen weiteren Zuwachs um 100 Millionen Menschen auf 1,13 Milliarden. Eine vom Staat verordnete Geburtenkontrolle wurde zwar bereits 1962 eingeführt, doch erst in den späten siebziger Jahren – nach den Wirren der Kulturrevolution – führte die chinesische Regierung Maßnahmen zur Kontrolle und Durchsetzung der Geburtenbeschränkung ein. Die während der Kulturrevolution herrschende Anarchie begünstigte einen unkontrollierten Bevölkerungszuwachs – in dieser Zeit wurden 360 Millionen Menschen geboren, die vor einigen Jahren das Alter erreichten, in dem man normalerweise heiratet und eine Familie gründet.

Die chinesische Regierung unter Deng Xiao Ping bemüht sich seit 15 Jahren intensiv darum, die Versorgung aller Bevölkerungsgruppen mit Nahrungsmitteln sicherzustellen. Da nur 10 % des riesigen Landes überhaupt landwirtschaftlich zu nutzen sind (ein Viertel der Gesamtfläche ist Weideland), kam es in vergangenen

Abb. 19. Großvater mit Enkel auf dem Platz des Himmlischen Friedens, Peking 1989 (Foto: Dr. Udo Lindner).

Jahrzehnten nach Mißernten immer wieder zu Engpässen in der Nahrungsmittelversorgung. Westliche Experten gehen davon aus, daß auch heute noch mindestens 100 Millionen Chinesen am Rande des Existenzminimums leben. Mittlerweile wird dem Erreichen eines höheren Lebensstandards landesweit eine hohe Priorität beigemessen.

Nach Angaben der chinesischen Familienministerin Peng Peiyun zeigt die staatlich angeordnete Geburtenkontrolle bereits deutliche Wirkung: in den sechziger Jahren wurden in jeder Familie durchschnittlich 5,8 Kinder geboren, in den achtziger Jahren waren es nur noch 2,4.

157

Die jährliche Zuwachsquote der Bevölkerung wurde von 2,34 % im Jahre 1971 auf 1,46 % im Jahre 1982 gesenkt. Bis zur Jahrtausendwende soll die Wachstumsquote auf 0,95 % gedrückt und die Bevölkerungszahl auf 1,2 Milliarden Menschen begrenzt werden.

In chinesischen Großstädten herrscht schon lange eine aus europäischer Sicht unvorstellbare Platz- und Wohnungsnot. Beispielsweise stehen in der 15-Millionen-Metropole Shanghai nach offizieller Statistik gerade dreieinhalb Quadratmeter Wohnfläche pro Einwohner zur Verfügung.

Mit Hilfe der Ein-Kind-Familien-Verordnung sollen nicht nur die nach wie vor bestehenden Wohn- und Ernährungsprobleme beseitigt, sondern auch in arbeitsmarkt- und wirtschaftspolitischer Hinsicht wichtige Schritte verwirklicht werden. Dazu gehören beispielsweise die Beseitigung der Jugendarbeitslosigkeit, die Erschließung neuer Lebensräume durch Industrialisierung, die Erhöhung der Effizienz in der Landwirtschaft und die Verbesserung des Lebensstandards für breite Bevölkerungsschichten.

Maßnahmen zur Durchsetzung der Ein-Kind-Verordnung

Nachdem die bereits unter Mao Tse Tung erfolgten Aufrufe zu verstärkter Geburtenkontrolle kaum eine Wirkung gezeigt hatten, wurden in den späten siebziger Jahren die Maßnahmen zur Einhaltung der Vorschriften zunehmend verschärft. Besonders in Großstädten wird beim zweiten Kind nicht nur das Kindergeld vollständig gestrichen, zusätzlich drohen Geldstrafen und Erhöhung der Sozialabgaben sowie der Zwangsumzug in eine kleinere Wohnung. Nationale Minderheiten werden großzügiger behandelt, z.B. haben Mongolen und Tibeter völlige Geburtenfreiheit. Auch in weniger dicht besiedelten Gebieten wird nicht so streng durchgegriffen, es bleibt zuweilen bei strengen Verweisen und Strafandrohungen. In den Metropolen jedoch sind Paare mit Zweitschwangerschaft starken sozialen Sanktionen ausgesetzt. Von Parteikadern, Nachbarn und Kollegen aus den Arbeitsbrigaden wird massiver Druck ausgeübt, eine Abtreibung durchzuführen – anderenfalls gilt man als Egoist und Volksschädling.

In der internationalen Presse wurde 1985 mehrfach berichtet über von Regierungsstellen veranlaßte Zwangsabtreibungen, Zwangssterilisationen und Tötung Neugeborener. Die Berichte, die von zwei US-amerikanischen Bürgern stammten, die sich längere Zeit im China der frühen 80er Jahre aufgehalten hatten, führten dazu, daß in den USA das Repräsentantenhaus einen Betrag von 23 Millionen Dollar an den UNO-Fond für Bevölkerungsfragen sperrte.

Eine einheitliche Gesetzgebung und landesweite staatliche Verordnungen zur Durchsetzung der Ein-Kind-Politik bestehen jedoch nach wie vor nicht, denn die örtlichen Gegebenheiten in den chinesischen Einzelprovinzen sind zu unterschiedlich. In den letzten Jahren wird wieder größeres Gewicht auf die Wirkung von Erziehung, Unterricht und Propaganda gesetzt. Werbung für die Ein-Kind-Familie erfolgt landesweit über alle Medien. Verhütungsmittel werden kostenlos verteilt, die Benutzung eines Intrauterin-Pessars und die Sterilisation werden empfohlen. Die offiziellen Stellen sind jedoch immer noch nicht zufrieden mit der Wirksamkeit der von ihnen eingesetzten Maßnahmen.

Gründe für Verstöße gegen die Ein-Kind-Verordnung

Die Chinesen sind sehr gesundheitsbewußt und lehnen empfängnisverhütende Mittel in Tablettenform, wie die Antibabypille, kategorisch ab. Nach Angaben des Familienministeriums schlucken weniger als 10 % die Pille, 40 % benutzen Intrauterin-Pessare, weitere 40 % wollen sich sterilisieren lassen. Kondome werden nur zögernd benutzt, obwohl sie kostenlos in vielen Betrieben verteilt werden.

Besonders in ländlichen Regionen gelten Kinder nach wie vor als Investition in die Zukunft, welche die alten Eltern versorgen, wenn diese nicht mehr arbeiten können (eine staatliche Renten- und Sozialversicherung gibt es erst in Ansätzen). Das gilt für Jungen als »Stammhalter« noch stärker als für Mädchen, denn diese werden weggeheiratet und stehen den Eltern später nicht mehr als Unterstützung zur Verfügung. In einigen traditionell orientierten, wenig industrialisierten Provinzen hat die nach wie vor gültige Bevorzugung des männlichen Geschlechts schreckliche Konsequenzen: Mädchen werden von den nahen Verwandten oder der Hebamme gleich nach der Geburt getötet, um sicherzustellen, daß das erlaubte einzige Kind ein männlicher Stammhalter wird. In solchen Regionen werden teilweise drei- bis viermal mehr Jungen als Mädchen bezogen auf einen Geburtsjahrgang gezählt.

Die Toleranz und nachgiebige Haltung der Regierung gegenüber ethnischen Minoritäten fördert zuweilen die Unzufriedenheit bei den Han-Chinesen, die sich benachteiligt fühlen und, wenn sie es sich finanziell leisten können, gegen die Ein-Kind-Verordnung verstoßen. Das ist in den letzten Jahren, in denen der individuelle Wohlstand in einigen städtischen Regionen massiv zugenommen hat, zunehmend häufiger der Fall.

Generell gilt, je abgelegener und dünner besiedelt die Region, umso schwerer läßt sich die Einhaltung der Geburtenvorschrift kontrollieren.

Die Geburt von Zwillingen oder Mehrlingen wird von der Regierung toleriert und nicht restriktiv behandelt. Ein solches seltenes Ereignis (nur auf ca. 275 Geburten erfolgt in der Regel eine Mehrlingsgeburt) wird als ausgesprochener Glücksfall betrachtet und nicht selten wie ein Lotteriegewinn gefeiert.

Die neuen chinesischen Einzelkinder: Ergebnisse wissenschaftlicher Untersuchungen

Ungefähr von 1980 an finden sich immer wieder Veröffentlichungen über chinesische Einzelkinder in westlichen, zumeist englischsprachigen Fachzeitschriften. Die vorgelegten Untersuchungsergebnisse sind widersprüchlich. Das hat eine Reihe von Gründen:

Unzulängliche Stichproben

Die Untersuchungen wurden an sehr verschiedenen Stichproben durchgeführt, deren Vergleichbarkeit untereinander nicht bzw. nur eingeschränkt zu gewährleisten ist. Das hängt damit zusammen, daß sich die Lebensbedingungen innerhalb Chinas von Provinz zu Provinz stark unterscheiden. Besonders zwischen städtischen und ländlichen Gebieten sind die Unterschiede sehr deutlich ausgeprägt.

Die in Untersuchungen einbezogenen Stichproben variieren auch im Hinblick auf Umfang – es gibt Studien, die sich mit 50 Einzelkindern begnügen und umfassendere Erhebungen mit über 1000 Einzelkindern – und Zusammensetzung: In den meisten veröffentlichten Arbeiten wurde auf die Repräsentativität der Stichprobe nur wenig Wert gelegt; eine Verallgemeinerbarkeit der Ergebnisse auf alle im Lande vorkommenden Bevölkerungsgruppen und sozialen Schichten ist damit von vornherein nicht gegeben.

Methodenprobleme

Die Untersuchungen wurden mit Hilfe von Erhebungsinstrumenten und methodischen Vorgehensweisen durchgeführt, die sich nur schwer aufeinander beziehen lassen. Am häufigsten wurden Fragebögen eingesetzt, die meist den Eltern oder Lehrern, zuweilen auch den gleichaltrigen Spielfreunden oder Klassenkameraden vorgelegt wurden und eigens für die jeweiligen Projekte entwickelt worden waren. Auf standardisierte Erhebungsverfahren, wie Tests, Checklisten oder Beobachtungsinventare, die bereits in früheren Studien Verwendung gefunden hatten, wurde nur sehr selten zurückgegriffen. In der Regel wurden auch von den Kindern selbst keine Daten erhoben. Man verließ sich auf die Einschätzungen, die von ihnen nahestehenden (zumeist erwachsenen) Bezugspersonen zu erhalten waren.

Provozierung erwünschter Antworten

So gut wie nie wurde dabei kontrolliert, in welcher Hinsicht und in welchem Umfang die erhaltenen Einschätzungen von der Neigung bestimmt waren, in sozial erwünschter (und von den Befragten vorweggenommener) Weise zu reagieren. Beschreiben Einzelkindeltern ihre Kinder wirklich ehrlich oder neigen sie nicht auch zuweilen zur Schönfärberei bzw. zu ausweichenden Antworten, wenn es um Dinge geht, die ihnen unangenehm oder peinlich sind? Unterstellt werden kann auch, daß sich regelmäßig dann die vom Wissenschaftler erwartete Antwort registrieren läßt, wenn ein sozialer Druck von seiten der Gesellschaft vorliegt, d.h. wenn z.B. Übereinkünfte und Vorschriften darüber bestehen, wie sich ein gut erzogenes Kind zu verhalten hat oder wie Eltern mit Unbotmäßigkeiten ihres Nachwuchses umzugehen haben.

Beschränkung auf einige ausgewählte Persönlichkeitsmerkmale

Problematisch ist weiter, daß in den meisten Untersuchungen nur einige ausgewählte Persönlichkeits- oder Verhaltensbereiche erfaßt wurden, von denen man aufgrund von Vorüberlegungen angenommen hatte, daß sie eine Unterscheidung zwischen Einzel- und Geschwisterkindern ermöglichen würden. Nicht abzustreiten ist, daß es eine ganze Reihe weiterer »kritischer« Persönlichkeits- oder Verhaltensvariablen geben kann, hinsichtlich derer sich geschwisterlose Kinder von Kindern mit Geschwistern in China unterscheiden.

Keine echten Kontroll- und Vergleichsgruppen

Zuweilen wurde auf Kontroll- oder Vergleichsgruppen von Geschwisterkindern, die man in wissenschaftlich seriösen Untersuchungen heranzieht, um zu belegen, daß sich Einzelkinder auch tatsächlich von Kindern mit Geschwistern unterscheiden, ganz verzichtet. Es wurden lediglich Einzelkinder auf Auffälligkeiten hin untersucht und der Schluß gezogen, daß sich diese im Hinblick auf die nachgewiesenen Verhaltensanomalien oder -störungen von Geschwisterkindern unterscheiden. Auch in Untersuchungen, in denen Vergleichsgruppen verwendet wurden, waren diese häufig nicht sorgfältig genug ausgewählt worden, so daß eine Vergleichbarkeit mit der Ein-

zelkinder-Gruppe im Hinblick auf wichtige Kriterien, wie
Schichtzugehörigkeit, Beruf, Schul- und Ausbildung der
Eltern, Wohnlage (Stadtmitte, Stadtrand, Vorort, Land)
usw. nicht zu gewährleisten war.

Vorurteilshafte Forschung

Die Interessen der Auftraggeber der Untersuchungen bzw. der Wissenschaftler selbst verhinderten nicht
selten eine sachliche und vorurteilsfreie Durchführung
der jeweiligen Studie. Die meisten Projekte, die von offiziellen Stellen bezuschußt wurden, lassen eine kritische
Auseinandersetzung mit den zutage geförderten Befun-
den oft vermissen. Beispielsweise werden zuweilen Geschlechtsunterschiede nicht entsprechend gewürdigt, um
Effekte zu verschleiern, die sich auf die Wirkung der
immer noch geltenden Vorrangstellung des männlichen
Geschlechts zurückführen lassen. Oder es wird bei der
Interpretation der Ergebnisse auf nachgewiesene Unterschiede zwischen Einzel- und Geschwisterkindern nur am
Rande eingegangen. Es kommt auch vor, daß bei der
Erklärung von Unterschieden nicht die wesentlichen, aus
dem Bereich der Lebensbedingungen stammenden Faktoren angeführt werden, sondern unwesentliche Randbe-
dingungen in den Mittelpunkt der Diskussion gestellt
werden.

Ein Blick auf die widersprüchlichen Forschungsergebnisse

Am häufigsten untersucht wurden unterschiedliche
Aspekte des Sozialverhaltens, jedoch nicht »direkt« mit
Hilfe von Beobachtungsverfahren, sondern zumeist »in-
direkt«, d.h. mittels Befragung von Informanten (Eltern,
Lehrer, Freunde) aus der Umgebung der Kinder. Die zutage geförderten Befunde klaffen soweit auseinander, daß
eine vereinheitlichende Darstellung nicht möglich er-

scheint. Es finden sich Studien, die bei Einzelkindern häufiger negatives Sozialverhalten, wie Egozentrismus, Unkooperativität und Kontaktschwäche, und bei Geschwisterkindern häufiger positive soziale Verhaltensweisen, wie Beharrlichkeit, Beliebtheit bei den Klassenkameraden und Kontaktstärke, nachweisen. Es finden sich aber auch eine ganze Reihe von Untersuchungen, die im Bereich des Sozialverhaltens keine nennenswerten Unterschiede zwischen Einzel- und Geschwisterkindern entdecken konnten.

Ähnlich sieht es im Hinblick auf untersuchte geistig-intellektuelle Fähigkeiten (Sprachentwicklung, Wortschatz, mathematisches Verständnis, logisches Schlußfolgern usw.) aus. Einige Studien erbrachten günstigere Werte für Einzelkinder, in anderen Untersuchungen wurden die besseren Ergebnisse von Geschwisterkindern erzielt.

Besondere innerfamiliale Konflikte in Ein-Kind-Familien (z.B. zwischen den Ehepartnern bzw. den Eltern und Großeltern) konnten nur in einigen Studien belegt werden. Das gleiche gilt für Störungen im Gefühlsbereich, wie depressive Verstimmungen, Launenhaftigkeit/Stimmungslabilität, Gereiztheit/Erregbarkeit, Trennungsängste usw., die in einigen Untersuchungen bei weiblichen Einzelkindern nachgewiesen wurden.

Wenn mit Hilfe von indirekten Vorgehensweisen Informationen über die Kinder gewonnen wurden, also z.B. nach dem Urteil des Lehrers, der Einschätzung der Eltern oder der Meinung der Klassenkameraden gefragt wurde, ergaben sich zuweilen sehr unterschiedliche Befunde, in denen sich kein eindeutiger Trend abzeichnete. Einmal wurden Einzelkinder von ihren Eltern oder Lehrern durchweg positiv eingeschätzt (z.B. im Hinblick auf soziale und schulische Belange Geschwisterkindern überlegen) und von ihren Klassenkameraden eher negativ bewertet (unkooperativ, wenig hilfsbereit und selbstherrlich); ein anderes Mal schnitten Geschwisterkinder aus Sicht von Lehrern und Eltern besser ab als Einzelkinder, und die Schulkameraden kamen zu einem günstigeren, Einzelkinder bevorzugenden Urteil.

Das in einer Untersuchung (Chen 1985) dokumentierte, sehr plausible Ergebnis, daß Einzelkinder stärker als Geschwisterkinder von den sozialen und Gruppen-Erfahrungen im Kindergarten profitieren, bleibt singulär, da es lediglich für eine begrenzte Stichprobe in Peking und Umgebung nachgewiesen wurde.

Zusammenfassend betrachtet, d.h. auf der Grundlage der Überprüfung von 32 neueren, zwischen 1984 und 1992 veröffentlichten Untersuchungen, läßt sich folgendes Ergebnis festhalten:

In einem Drittel der Studien werden uneindeutige Befunde präsentiert, die entweder untermauern, daß zwischen Einzel- und Geschwisterkindern *keine Unterschiede* bestehen, oder aber Differenzen dokumentieren, die jedoch weder positive noch negative Bedeutung für Einzelkinder haben. In einem weiteren Drittel der Studien wird belegt, daß Einzelkinder gegenüber Geschwisterkindern *im Vorteil* sind, und es werden die entsprechenden Merkmale, Verhaltensmuster und Persönlichkeitseigenschaften aufgeführt. In einem letzten Drittel finden sich schließlich überwiegend Befunde, die Geschwisterkinder begünstigen und Einzelkinder *in einem schlechteren Licht* erscheinen lassen.

Ein vorläufiges Fazit

Der gegenwärtige erfahrungswissenschaftliche Kenntnisstand ist widersprüchlich, unzulänglich, lückenhaft und erlaubt keine vereinheitlichenden Schlußfolgerungen. Das hängt natürlich auch mit dem Forschungsgegenstand selbst zusammen, der wesentlich komplexer ist, als es auf den ersten Blick scheint. Die chinesischen Einzelkinder wachsen in sehr unterschiedlichen Verhältnissen auf, die sich zudem – gerade in den letzten beiden Jahrzehnten – permanent verändern! Aus diesem Grunde muß genau hingeschaut, exakt beschrieben und differenziert erfaßt werden, unter welchen Lebensbedingungen die jeweils untersuchte Stichprobe von Einzelkindern aufgewachsen ist. In eine exakte Beschreibung aufgenommen werden müssen nicht nur strukturelle, zeitlich weitgehend stabile Merkmale, wie Familiengröße, Haushaltsform, schulische/berufliche Ausbildung und Berufstätigkeit der Familienangehörigen, Wohnungssituation, Wohnort, ethnische und religiöse Zugehörigkeit usw., sondern auch prozessuale, sich wandelnde Merkmale. Dazu gehören z.B. die konkrete Betreuungssituation innerhalb und außerhalb der Familie (z. B. Berufstätigkeit der Mutter, Vorhandensein von Krippen-, Kindergarten- und Kinderhortplätzen) und veränderliche psychologische Variablen (Einstellungen zur Kindererziehung; familienbezogene, gesellschaftliche, politische und weltanschauliche Orientierungen der Eltern, Erzieher und Lehrer der Kinder). Nicht abwegig erscheint die Annahme, daß die sich im letzten Jahrzehnt abspielenden, rapiden Entwicklungen, die einhergingen mit einer immer stärkeren Öffnung den westlichen Industrieländern gegenüber, auch die in chinesischen Durchschnittsfamilien herrschenden Sozialisationsbedingungen einem massiven Wandel unterworfen haben.

Unkritische, regierungskonforme Forschung

Eine differenzierte Erfassung eben dieser realen Sozialisationsbedingungen ist vonnöten, wenn die Frage, ob sich die chinesischen Einzelkinder von Kindern mit Geschwistern unterscheiden, zufriedenstellend beantwortet werden soll. Erschwerend kommt hinzu, daß die in der Volksrepublik China herrschenden politischen Verhältnisse eine zuverlässige, sozialwissenschaftlich seriöse Berichterstattung über den Status quo von Einzelkindern nicht gerade begünstigen. Vorstellbar (und zu belegen) ist, daß offizielle, von Regierungsstellen veranlaßte Untersuchungen »linientreue« Ergebnisse erbringen, die ideologisch eingefärbt gedeutet werden: gefundene Unterschiede zwischen Einzelkindern und Kindern mit Geschwistern werden dort, wo sie in Einklang zu bringen sind mit dem kommunistisch-sozialistischen Gesellschaftssystem, wohlwollend zur Kenntnis genommen. Auf Beifall und positive Resonanz stößt z.B. das Ergebnis, daß Einzelkinder intelligenter und in vielen sozialen und schulischen Belangen Geschwisterkindern überlegen sind. Nicht nur Stirnrunzeln, sondern deutliche Anzeichen von Besorgnis sind zu registrieren, wenn Befunde vorgelegt werden, nach denen Einzelkinder egoistisch, unkooperativ, selbstherrlich, verwöhnt und wenig hilfsbereit sind. Man erlebt eine Bedrohung und sieht die Auflösung der moralischen Grundlagen des kommunistischen Systems durch die da heranwachsenden Einzelkinder auf sich zu kommen. Das ist auch ein Grund dafür, daß in den letzten Jahren offzielle Stellen immer häufiger Elternschulungen durchführen. In diesen Veranstaltungen erfahren Eltern, wie sie ihr Einzelkind erziehen müssen, wenn es Eigensinn zeigt, damit es sich zu einem nützlichen Mitglied der sozialistischen Gesellschaft entwickelt.

Kritische Studien, die in Kooperation mit westlichen Forschern durchgeführt wurden, tun sich schwer an »objektive« Daten zu gelangen, da ihnen in der Regel nur ausgewählte Stichproben zur Verfügung gestellt werden.

Parallelen zwischen chinesischen und westlichen Einzelkindern?

Eine gewisse Ausnahme bildet die von der texanischen Familienforscherin Toni Falbo in Zusammenarbeit mit dem Soziologen Dudley L. Poston realisierte Studie. Die beiden Autoren werteten die von Lehrern und Eltern erhaltenen Einschätzungen über 1465 chinesische Einzelkinder im Schulalter aus. Ziel ihrer Analyse war es festzustellen, ob Einzelkinder im Unterschied zu Geschwisterkindern Persönlichkeitsmerkmale aufweisen, die vom erwachsenen Durchschnittschinesen überwiegend positiv beurteilt werden. Für in ländlichen Regionen lebende Einzelkinder war ein Entwicklungsvorsprung gegenüber Geschwisterkindern im Hinblick auf sprachliche und mathematische Fähigkeiten zu belegen. Es wurde jedoch auch gezeigt, daß die zwischen Einzelkindern und erstgeborenen Geschwisterkindern dokumentierten Unterschiede nahezu verschwinden, wenn wesentliche soziale Hintergrundvariablen (Schichtzugehörigkeit, Einkommen, Wohnsituation, Bildungsstand und Beruf der Eltern usw.) nachträglich kontrolliert werden. Poston und Falbo (1990) nehmen diesen Befund zum Anlaß, eine Parallele zu ziehen zu den zahlreichen Ergebnissen westlicher Untersuchungen, in denen – zumindest in den letzten Jahrzehnten – immer wieder gezeigt wurde, daß es so gut wie keine Persönlichkeitsmerkmale gibt, hinsichtlich derer

169

sich Einzelkinder und Erstgeborene signifikant unterscheiden.

Eine so weitreichende Parallelisierung von chinesischen und westlichen Einzelkindern hinterläßt ein gewisses Unbehagen. Immerhin ist in China die Geschwisterlosigkeit gesetzlich angeordnet, während sich in den westlichen Industrieländern Eltern freiwillig und aus persönlichen Gründen für (oder gegen) ein Einzelkind entscheiden. Diese unterschiedliche Ausgangssituation könnte sich möglicherweise darauf auswirken, in welchem Umfang das jeweilige Einzelkind von seiner Familie und in seinem Umfeld positiv angenommen wird. Die gesellschaftlichen und sozialen Rahmenbedingungen tragen sicherlich dazu bei, wenn ein Einzelkind von den Eltern und sonstigen Bezugspersonen akzeptiert wird. Eine möglicherweise sogar gestörte Sozialisation von Einzelkindern ist dann zu befürchten, wenn sie unter gesellschaftlichen Bedingungen heranwachsen, die ihnen nur eine randständige, sozusagen exotische Position zuweisen. Das dürfte im heutigen China, sieht man von einigen ländlichen Regionen und Provinzen ab, in denen ethnische Minderheiten überwiegen, für die keine Geburtenbeschränkung gilt, nicht mehr der Fall sein. Immerhin existieren die Ein-Kind-Verordnung und damit verbundene staatliche Regelungen und Sanktionen mittlerweile seit über zwei Jahrzehnten!

▨ Wie geht es weiter in der Volksrepublik China?

Von einer selbstbestimmten Entscheidung für ein Einzelkind kann jedoch nur höchst selten ausgegangen werden. Wahrscheinlicher ist, daß bei Wegfall der staatlichen Reglementierungen auch in han-chinesischen Familien wieder deutlich mehr Kinder geboren werden. Die alten Traditionen – viele Kinder (besonders männlicher Nachwuchs) garantieren einen gesicherten Lebensabend – dürften tiefer wurzeln als kurzlebige staatliche Anordnungen, es sei denn, es gelingt der Regierung sehr schnell, ein Sozialversicherungsystem aufzubauen, das die Bürde der Versorgung und Pflege der Alten von den Schultern der individuellen Verwandtschaft nimmt und der Allgemeinheit überträgt.

Von staatlicher Seite wird neuerdings Paaren, die selbst als Einzelkinder aufgewachsen sind, gestattet, zwei Kinder zu haben. Spekuliert werden kann darüber, ob die chinesischen Einzelkinder sich in ihren eigenen Ehen möglichweise wieder für nur ein Kind oder eine kleine Kinderzahl entscheiden, weil sie den höheren Lebensstandard, den sie selbst in ihrem Leben ohne Geschwister kennen und schätzen gelernt haben, auch ihren eigenen Kindern ermöglichen wollen.

Elisabeth Hall (1987) diskutierte in der amerikanischen Zeitschrift *Psychology Today* die Frage, ob und in welchem Umfang die Einzelkinder in China die Grundlagen des kommunistisch-sozialistischen Gesellschaftssystems tatsächlich verändern werden. Wenn die jetzt heranwachsenden Einzelkinder wirklich etwas egoistischer, unkooperativer und anspruchsvoller sind als Geschwisterkinder, wofür sich in einer ganzen Reihe von Untersuchungen Belege finden, kann – so Hall – erwartet werden, daß die sozialistischen Werthaltungen sehr schnell ersetzt werden durch »kapitalistischere«, wettbewerbsbezogene Normen. Diese orientieren sich stärker am individuellen Erfolg und an persönlicher Leistung und weniger am Allgemeinwohl.

Zukunftsspekulationen: Eindämmung der Bevölkerungsexplosion und Verhinderung der globalen Katastrophe?

Seit einigen Jahrzehnten ist überall auf der Welt zu beobachten, daß eine Hebung des Lebensstandards gleichsam automatisch eine Senkung der Geburtenquote mit sich bringt. Über die diesen Zusammenhang begründenden Mechanismen ist widersprüchlich diskutiert worden. Was die Situation in der Volksrepublik China angeht, in der sich gegenwärtig ein rapides industrielles Wachstum abspielt und damit verbunden eine sprunghafte Erhöhung des Lebensstandards verzeichnet werden kann, so ist zu vermuten, daß sich in absehbarer Zeit immer mehr Frauen – von sich aus und freiwillig – für immer weniger Kinder entscheiden.

Dennoch muß dahingestellt bleiben, ob der chinesische Weg der Reduzierung der Geburtenquote auf andere Länder übertragen werden kann und weltweit als wirksames Mittel gegen das globale Problem der Bevölkerungsexplosion zu empfehlen ist. Im China benachbarten Indien z.B. bemühen sich Regierungsstellen seit Jahrzehnten vergeblich um eine wirksame Geburtenbeschränkung (Ende 1993 wurden bereits 900 Millionen Einwohner gezählt). Bei der Umsetzung von staatlichen Maßnahmen zur Geburtenkontrolle sind eine ganze Reihe von Gegebenheiten zu beachten, die von Land zu Land variieren. Möglicherweise werden in Indien u.a. durch die religiöse (hinduistische und buddhistische) Orientierung der Mehrheit der Einwohner und die geophysikalischen Verhältnisse (der Großteil der Bevölkerung lebt in Dörfern und ländlichen Gemeinden) die Effizienz der staatlichen Maßnahmen behindert.

Eine Reihe von Voraussetzungen, die den Erfolg der chinesischen Maßnahmen mitbedingen und in den meisten Entwicklungsländern noch nicht einmal ansatzweise vorliegen, müssen erfüllt sein, damit staatlich verordnete Geburtenbeschränkungen ihre Wirkung entfalten können.

1. Ein bis in ländliche Regionen ausgebautes Gesundheitswesen, durch das die Säuglings- und Kleinkindsterblichkeitsrate massiv gesenkt wird. Eltern können nicht dazu bewegt werden, es nur bei einem oder zwei Kindern zu belassen, wenn sie nicht sicher sein können, daß die Kinder auch tatsächlich das Erwachsenenalter erreichen.

2. Ein bis in ländliche Regionen ausgebautes Bildungssystem, das Mädchen – gleichberechtigt neben Jungen – grundlegende Kenntnisse (Lesen, Schreiben, Rechnen) vermittelt. Lesen- und Schreibenkönnen führt gleichsam automatisch zu größerer Aufgeschlossenheit und stärkt die Bereitschaft, planvoll, eigenverantwortlich und rational zu handeln.

3. Eine Gesellschaftspolitik, die für mehr Gleichberechtigung zwischen Mann und Frau eintritt und Maßnahmen einleitet, welche die Rolle und den Status der Frau verbessern.

4. Eine ausgebaute Infrastruktur (Straßen, Telekommunikation, Medien), die auch abgelegene Siedlungen und Dörfer erreicht und Möglichkeiten bereitstellt, durch die staatliche Maßnahmen und Vorschriften für jedermann verständlich begründet und gerechtfertigt – und gegebenenfalls auch ihre Einhaltung kontrolliert – werden können.

5 Der Alltag mit Einzelkindern

In diesem letzten Kapitel wird versucht, den aktuellen wissenschaftlichen Kenntnisstand über Kinder ohne Geschwister nutzbar zu machen für praktische, im Alltag auftauchende Fragen.

Eine direkte »Umsetzung« von Forschungsergebnissen in die Praxis ist dabei in der Regel nicht möglich. Das hängt vor allem damit zusammen, daß sich die meisten wissenschaftlichen Untersuchungen vor allem mit theoretischen, akademisch interessanten Problemstellungen beschäftigen, deren Bedeutung für Fragen der Erziehung und praktischen Pädagogik oft erst etwas mühsam herausgearbeitet werden muß. Zudem sind die in wissenschaftlichen Studien verwendeten Stichproben in ihrem Umfang und ihrer Zusammensetzung i.a. so begrenzt, daß verallgemeinernde Feststellungen und Schlußfolgerungen nur mit großer Vorsicht und unter Beachtung vieler Einschränkungen getroffen werden können.

Die im folgenden zusammengestellten praxisrelevanten Hinweise sind also nicht als rezeptähnliche Empfehlungen zu verstehen, sondern stellen lediglich Hinweise oder Anregungen dar, mit denen sich die angesprochenen Adressaten – Eltern, Erzieher, Lehrer, Psychologen und Einzelkinder selbst – auseinandersetzen sollen. Sie sind nicht auf Einzelfälle zugeschnitten, sondern bemühen sich, auf Gemeinsamkeiten und übergreifende Zusammenhänge einzugehen, ohne dabei den Bezug zum konkreten Alltag aus den Augen zu verlieren.

Was Vorurteile bewirken

Unterschwellig immer noch vorhandene Vorurteile, die bei Einzelkindern vor allem soziale Mängel und Ausfallserscheinungen unterstellen, halten sich so hartnäckig, weil sachliche Informationen über das Thema oft uninteressant erscheinen und deshalb über die Medien keine angemessene Verbreitung finden. Traditionelle Einstellungen zu und Meinungen über Einzelkinder, die seit Jahrzehnten Gültigkeit besitzen und sich bewährt haben, bleiben bestehen, solange kein Grund zu ihrer Veränderung gegeben ist. Durch massive neue, der eigenen Haltung zuwiderlaufende Erfahrungen im Umgang mit Einzelkindern könnten möglicherweise Veränderungen in Gang gebracht werden. Da jedoch kaum neue, konträre Informationen über Einzelkinder veröffentlicht werden, sieht man von einzelnen, klischeehaften Meldungen ab (»Kleine Prinzen – die neuen Sorgenkinder«; »Geschwister bieten Schutz vor den Eltern – Studie: Einzelkinder überfordert«; »Kinder? Jeder Elfte sagt: nein, danke«, um nur einige Zeitungssschlagzeilen zu zitieren), kommt es lediglich hin und wieder zu einer Bekräftigung der nach wie vor vorhandenen Vorurteile.

Diese bewirken nicht selten den Aufbau einer Erwartungshaltung – teilweise sogar bei den Betroffenen selbst: Einzelkinder, die sich langweilen, bringen diesen Zustand ursächlich in Zusammenhang mit der Tatsache, daß sie keine Geschwister haben, die ihnen – in ihren Augen – immer als Spielgefährten zur Verfügung stehen würden. Daß Geschwisterkinder sich nachgewiesener-

175

maßen noch häufiger langweilen, zumindest wenn sie allein sind, weil sie es nicht so gut gelernt haben, sich allein zu beschäftigen, wird natürlich nicht berücksichtigt und auch nicht weiter erwähnt.

Wesentlich ist, daß die Erwartungshaltung wie eine sich selbst erfüllende Prophezeiung wirkt: alles, was wahrgenommen wird an Verhaltensweisen und Eigenschaften und nur halbwegs in die Richtung der Annahmen geht, die vom Vorurteil als Tatsachen behauptet werden, wird mit Befriedigung zur Kenntnis genommen (wobei zuweilen sogar die Realität eine kleine Umformung erfahren kann) und führt zu einer weiteren Verstärkung der Vorurteilshaltung.

Dieser Mechanismus entfaltet seine Wirksamkeit natürlich nicht nur bei den direkt betroffenen Einzelkindern und ihren Angehörigen, sondern auch bei allen, die es lediglich mittel und unmittelbar und gelegentlich mit geschwisterlosen Kindern zu tun haben. Er macht verständlich, daß die einzelkindbezogenen Stereotype ein sich selbst immer wieder verstärkendes und damit am Leben erhaltendes Netzwerk von Vorurteilen bilden, solange nicht regelmäßig und mit großer Beständigkeit entgegengesetzte, der Erwartungshaltung zuwiderlaufende Erfahrungen gemacht oder Informationen vermittelt werden.

Warum es keine »typischen Einzelkinder« mehr gibt

Noch in den fünfziger und sechziger Jahren kamen Einzelkinder relativ selten vor; höchstens jedes zehnte Kind wuchs in diesen Jahren ohne Geschwister auf. Doch die auf Einzelkinder bezogenen Vorurteile sind älter; sie lassen sich zurückverfolgen bis in die Zeit um die Jahrhundertwende, als Einzelkinder eine sozusagen exotische Erscheinung waren, der man nur mit Staunen, Mißtrauen und Vorbehalten begegnen konnte. Obwohl es keine harten Belege dafür gibt, kann davon ausgegangen werden, daß die meisten der damaligen wenigen Einzelkinder in ungünstigen sozialen Verhältnissen – ohne regelmäßigen Kontakt zu Gleichaltrigen zu haben – groß geworden sind. Beeinträchtigungen und Störungen in sozial-zwischenmenschlicher Hinsicht können die Folge gewesen sein, so daß sich die herausbildenden Vorurteile anfänglich auf Tatsachen und die Beobachtung von Alltagsverhalten gestützt haben.

In späteren Jahrzehnten normalisierte sich die Situation von Einzelkindern insofern immer mehr, als sie den Lebensbedingungen von Geschwisterkindern immer ähnlicher wurde. Dies gilt in besonderem Maße für die letzten drei Jahrzehnte, für die sich faktisch nachweisen läßt, daß zwischen den Betreuungsumwelten von Einzelkindern und Geschwisterkindern kaum noch Unterschiede bestehen. Vier Fünftel der Einzelkinder (82,6 %) wachsen, wie auch die meisten Geschwisterkinder (89,7 %) in ganz normalen Familien auf, d.h. sie leben mit den leiblichen Eltern zusammen in einem Haushalt. Es sind also genau 7,1 % mehr Einzelkinder, die in »nichtregulären« Familienverhältnissen leben, also z.B. in Ein-Eltern-Familien oder als Stief-, Adoptiv- oder Pflegekinder, was aber nicht bedeutet, daß diese kleine Minderheit von Einzelkindern »typische Einzelkinder« sind – mit sozialen Defiziten und charakteristischen Eigenschaften, wie das Vorurteil sie unterstellt.

Wissenschaftlich belegt ist, daß heutzutage die Tatsache des Mit- bzw. Ohne-Geschwister-Aufwachsens kaum weiter berücksichtigt zu werden braucht, wenn über Einflüsse geredet wird, die

maßgeblich die Persönlichkeitsentwicklung mitbestimmen. Wichtigere Einflußfaktoren als Geschwister-Haben oder -Nichthaben sind die Erziehungshaltung (und andere Einstellungen und Wertorientierungen) der Eltern, die sozialen, ökologischen und ökonomischen Lebensverhältnisse und natürlich auch die Gene, insoweit sie das Fundament von Temperament und körperlicher Konstitution bilden.

»Typische Einzelkinder« mit bestimmten, stereotypen Eigenschaften gibt es also – auch statistisch betrachtet – nicht mehr: Die Ein-Kind-Familie ist mittlerweile

Abb. 20. Geschwister können wie ein Trampolin, nämlich eine Pufferzone sein.

neben kinderlosen Familien und Ein-Personen-Haushalten die am häufigsten vorkommende Familienform geworden. Wenn sich das Großwerden ohne Geschwister in einzelnen Fällen als schicksalhaft erweist, dann vielleicht aufgrund überbehütender Eltern, die ihr einziges Kind nicht loslassen können oder vielleicht auch, weil sich die ledige Mutter eines Einzelkindes entschließt, dieses nicht selbst aufzuziehen, sondern in Pflege zu geben.

Was ist die Norm, was ist die Ausnahme?

Bezeichnet man als »Norm« den am häufigsten vorkommenden Fall, so ist diese Frage schnell beantwortet: der Norm entsprechen 82,6 % Einzelkinder, welche mit beiden leiblichen Eltern zusammen in einem Haushalt wohnen, in aus der Norm fallenden Verhältnissen leben die übrigen 17,4 % Einzelkinder, z.B. in Ein-Eltern-Familien, in Adoptiv-, Pflege- oder Stieffamilien, bei Verwandten oder in Heimen. Diese Antwort bleibt jedoch unbefriedigend, denn der Verweis auf den statistischen Normalfall läßt Fragen offen: Wie sehen die »normalen«, durchschnittlichen Lebensbedingungen von Einzelkindern aus? Gibt es Unterschiede zu Geschwisterkindern? In welchen besonderen »Ausnahme«situationen befinden sich manche Einzelkinder? Gibt es auch hier Unterschiede zu Geschwisterkindern?

Einleuchtend erscheint die Überlegung, daß in normalen Familienverhältnissen auch relativ häufig durchschnittliche Lebensbedingungen angetroffen werden können und in unvollständigen, zerrütteten Familien eine gewisse Entwicklungsgefährdung der betroffenen Kinder nicht auszuschließen ist. Ernst und Angst (1983) konnten in ihrer breit angelegten Untersuchung zeigen, daß vor allem die ungünstigen Familienverhältnisse verantwortlich gemacht werden müssen, wenn sich bei Einzelkindern (und natürlich auch bei Geschwisterkindern!) Verhaltensstörungen und negativ bewertete Persönlichkeitseigenschaften ausbilden.

Das heißt aber nicht, daß das Leben in einer »normalen« Familie gleichsam automatisch günstige Entwicklungsbedingungen garantiert. Auch in statistischen Durchschnittsfamilien können belastende »Risikofaktoren« vorkommen, welche die Familienmitglieder, insbesondere die Kinder, mehr oder weniger stark in Mitleidenschaft ziehen. Und umgekehrt: in den meisten, nicht dem Normalfall entsprechenden Familienverhältnissen, also z.B. in nichtehelichen Lebensgemeinschaften, Ein-Eltern- oder Stieffamilien, sind Stressoren und kritische Ereignisse keineswegs an der Tagesordnung, sondern passieren eher selten. Es kann lediglich angenommen werden, daß in »irregulären« Familien die Wahrscheinlichkeit des Auftretens von Unregelmäßigkeiten, Veränderungen und Diskontinuitäten größer ist als in Regelfamilien. Daraus kann jedoch nicht abgeleitet werden, daß Einzelkinder, die solchen Unregelmäßigkeiten ausgesetzt sind, zwangsläufig Entwicklungsbeeinträchtigungen erfahren. Eine Schädigung aufgrund irregulärer Einflüsse dürfte eher die Ausnahme sein, denn man kann davon ausgehen, daß in den meisten betroffenen Familien durch selbstregulierende Kräfte für die Mitglieder erträgliche Lebensbedingungen geschaffen werden.

Nicht ganz abwegig ist in diesem Zusammenhang auch die Vermutung, daß Veränderungen und Diskontinuitäten im familialen Umfeld Kindern sogar nützen und in positiver Weise zugute kommen können, denn durch die Ausbildung entsprechender Bewältigungsstrategien erwerben sie Flexibilität in sozial-zwischenmenschlicher Hinsicht und Frustrationstoleranz im Umgang mit Belastungen.

Dafür ein Beispiel: Einzelkinder erleben etwas häufiger als Geschwisterkinder die Scheidung ihrer Eltern

(9,6 % gegenüber 6.5 %). Eine Reihe von Forschungsbefunden untermauert, daß es Kinder ohne Geschwister besser schaffen, mit den Konsequenzen der Trennung und dem nachfolgenden Leben in der Ein-Eltern-Familie fertig zu werden als Geschwisterkinder. Wahrscheinlich hängt dies aber nicht nur mit ihrer größeren Flexibilität in sozial-zwischenmenschlicher Hinsicht zusammen, sondern auch mit der trivialen Tatsache, daß in Ein-Eltern-Familien (meist Mutter-Kind-Familien) mit nur einem Kind deutlich günstigere ökonomische Verhältnisse vorliegen als in Ein-Eltern-Familien mit zwei oder mehr Kindern.

Fehler, die Eltern von Einzelkindern machen können

Es gibt für Ein-Kind-Familien sogenannte Risikofaktoren, die für sie typisch sind, jedoch sind dabei folgende Einschränkungen zu berücksichtigen:

Konstellationen, die für Ein-Kind-Familien typisch sind, gibt es natürlich auch in Mehr-Kind-Familien.

Gehäuft auftretende Risikofaktoren sind eine eher seltene Erscheinung, ihr Vorkommen beschränkt sich auf relativ wenige Fälle.

Für Ein-Kind-Familien typische Risikofaktoren wurzeln in der besonderen Familienkonstellation, die sich aus zwei Erwachsenen und einem Kind zusammensetzt. In Abhängigkeit vom Erziehungs- und sonstigen Verhalten der Eltern lassen sich die Risiken der Überbehütung, der sozialen Deprivation und der fehlenden Pufferzone voneinander abheben.

Abb. 21. Schon von klein auf müssen Spielgefährten her.

Unter *Überbehütung* lassen sich alle elterlichen Erziehungshaltungen zusammenfassen, die es dem Kind erschweren, eigenständige Erfahrungen außerhalb der elterlichen Einflußsphäre zu sammeln und dadurch Selbständigkeit zu erwerben. Im konkreten Fall kann Überbehütung sowohl durch ein Übermaß an Kontrolle, Eingrenzung und Beaufsichtigung als auch durch übertriebene Zuwendung und Verwöhnung realisiert werden. Für die Heranwachsenden ergeben sich dadurch oftmals Schwierigkeiten und Probleme bei der Ablösung von den Eltern und beim Aufbau von Bindungen zu neuen Bezugspersonen außerhalb des Elternhauses.

Überbehütung bringt häufig in mehr oder weniger deutlicher Form *soziale Deprivation* mit sich. Die einengende Erziehungshaltung der Eltern bewirkt, daß die betroffenen Kinder keine regelmäßigen und kontinuierlichen Kontakte zu Gleichaltrigen und anderen Kindern unterhalten können. Gerade für Einzelkinder hat der Aufbau und die Ausgestaltung von Beziehungen zu ihresgleichen zentrale Bedeutung. Diese sollten nach Möglichkeit nicht erst im Kindergartenalter, sondern möglichst schon zu einem früheren Zeitpunkt, z.B. in Krabbelgruppen und privat organisierten Spiel- und Freundeskreisen, initiiert werden.

Geschwister können füreinander eine Art *Pufferzone* bilden, wenn sich die übermächtigen Eltern mit Forderungen, Ansprüchen, Wünschen oder Kritik auf ein bestimmtes Kind beziehen. Einem Einzelkind steht ein solcher Schutzbereich nicht zur Verfügung. Es ist auf Gedeih und Verderb allen elterlichen Erwartungen ausgeliefert, es kann nicht die ältere Schwester vorschieben oder sich hinter dem Rücken des großen Bruders verstecken. Besonders dann, wenn von seiten der Eltern vielfältige und widersprüchliche Wünsche auf das Kind projiziert werden, welche die Eltern sich in der Vergangenheit selbst nicht erfüllen konnten – z. B. beruflichen Erfolg oder Befriedigung in der Partnerschaft –, ergeben sich nicht selten Belastungen und Entwicklungsbeeinträchtigungen.

Eine Reihe von weiteren Risikofaktoren, die sich anführen lassen, hängen nicht mit der ungleichgewichtigen Zusammensetzung der Ein-Kind-Familie (zwei Erwachsene und ein Kind) zusammen, sondern haben familiendynamische, sozioökonomische, ökologische und andere Wurzeln. Diese Risikofaktoren, z.B. Beziehungsprobleme der Eltern, Arbeitslosigkeit, Krankheit, Tod von Familienmitgliedern, Wohnortwechsel usw. kommen jedoch auch – eventuell nicht ganz so häufig – in Zwei- und Mehr-Kind-Familien vor.

Was sind eigentlich Risikofaktoren?

Besonders in der klinischen Psychologie (und natürlich auch in der Medizin) hat sich die Unterscheidung von *Risikofaktoren und Schutzfaktoren* bewährt. Bei der Entwicklung von Präventionsmodellen, d.h. von Vorstellungen über vorbeugende Maßnahmen zur Verhinderung von Krankheiten oder seelischen Störungen, wird häufig von Risiko- und Schutzfaktoren ausgegangen. Man nimmt an, daß es zu Schädigungen und psychischen Erkrankungen kommt, wenn die im konkreten Fall einwirkenden Risikofaktoren übermächtig werden und die Schutzfaktoren außer Kraft setzen. Schutzfaktoren sind z.B. vorteilhafte Lebensbedingungen (günstige sozioökonomische Verhältnisse, positive Lebensereignisse), Rückhalt und Unterstützung bietende soziale Netzwerke, individuelle Fähigkeiten zur Streßbewältigung, ein ausgeprägtes Selbstwertgefühl, zum Widerstand befähigende Eigenschaften usw. Schutzfaktoren haben eine stabilisierende Wirkung, stärken das Kind und geben ihm die Kraft, mit durch Risikofaktoren ausgelösten Beeinträchtigungen fertig zu werden. Angenommen wird, daß Risi-

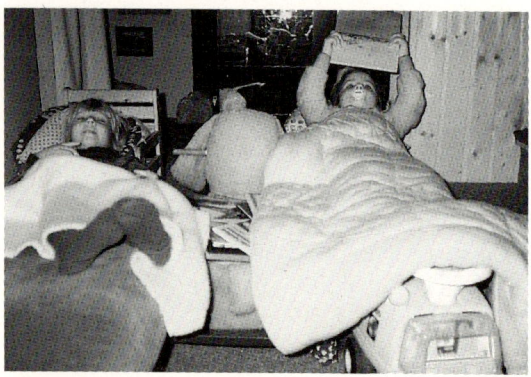

Abb. 22. Bei der Freundin übernachten fördert die Selbständigkeit und Abnabelung.

kofaktoren nicht nur von außen kommen, sondern auch in der Person wurzeln können. Ein geringes Selbstwertgefühl, niedrige Intelligenz, erhöhte emotionale Ansprechbarkeit, Störungen der Hirnfunktionen durch Sauerstoffmangel bei der Geburt zählen zu den angeborenen oder erworbenen, individuellen Risikofaktoren. Als »unverletzbar« wird ein Kind bezeichnet, das faktisch in der Lage ist, die Auseinandersetzung mit allen nur denkbaren Risikofaktoren siegreich zu bestehen. Es liegt auf der Hand, daß sich die »Verletzbarkeit« von Kindern von Fall zu Fall in Abhängigkeit davon unterscheidet, wie viele Schutzfaktoren im Kampf gegen Beeinträchtigungen und negative Einwirkungen durch Risikofaktoren mobilisiert werden können.

Für die Praxis erweist sich das Risiko-Schutz-Faktoren-Modell als nützlich, weil es auf die Möglichkeit aufmerksam macht, daß ungünstigen Einflüssen entgegengewirkt werden kann durch Aktivierung schützender Kräfte: der Verlust der besten Freundin durch Wohnortwechsel kann einem Einzelkind erleichtert werden z.B. dadurch, daß das langersehnte Kätzchen angeschafft und ihm zugesichert wird, es könne sobald wie möglich, spätestens aber in den nächsten Schulferien die Freundin zu sich einladen.

Gibt es Schwierigkeiten, die sich in Ein-Kind-Familien immer wieder abspielen?

Es finden sich Anhaltspunkte dafür, daß es in Ein-Kind-Familien häufiger zu Veränderungen und Unregelmäßigkeiten kommt als in Zwei- oder Mehr-Kind-Familien. Beispielsweise lassen sich Eltern mit zwei oder mehr Kindern seltener scheiden, ziehen seltener um, sind seltener beide berufstätig, haben häufiger traditionsbewußtere Einstellungen zu Ehe, Familie und Kindern und nehmen auch häufiger konventionellere Aufgabenverteilungen in ihrer Partnerschaft vor. Eltern in Ein-Kind-Familien berichten demgegenüber häufiger über Probleme, die sie durch einen Berufswechsel oder durch Meinungsverschiedenheiten mit dem Partner oder durch Schwierigkeiten bei der Fremdunterbringung und -betreuung ihres Kindes gehabt haben. Sie knüpfen auch häufiger als Eltern in Zwei- oder Mehr-Kind-Familien jeder für sich Außenkontakte, machen nicht alles gemeinsam und besprechen Dinge, die ihnen persönlich wichtig sind, häufiger auch mit Bezugspersonen außerhalb der Familie (Freunden, Verwandten, Bekannten). Selbst die Tatsache, daß man in Ein-Kind-Familien vergleichsweise seltener die Hauptmahlzeiten nicht im Familienkreis, sondern außerhalb der Familie, das Kind beispielsweise bei einer befreundeten Familie, die berufstätigen Eltern jeder für sich in einer Kantine oder Gastwirtschaft, einnimmt, kann als Indiz dafür genommen werden, daß die familiale Situation von Einzelkindern durch mehr Unregelmäßigkeit und Veränderung gekennzeichnet ist. Ob sich daraus eher entwicklungsförderliche oder eher negative, die Entwicklung beeinträchtigende Impulse ergeben, läßt sich beim gegenwärtigen Kenntnisstand nicht eindeutig beantworten und dürfte wahrscheinlich von Fall zu Fall variieren.

Aus pädagogischer Sicht lassen sich sowohl Argumente dafür formulieren, daß die für Ein-Kind-Familien typischen Unregelmäßigkeiten den Kindern nur nützen können, werden sie dadurch doch optimal vorbereitet auf das zukünftige Leben in einer hochkomplexen Industriegesellschaft, in der lebenslanges Lernen und ständige Innovation und Veränderung (in ökologischer, gegenstandsbezogener und technischer, aber auch in zwischenmenschlicher Hinsicht) an der Tagesordnung sind. Es können aber auch gegenteilige Argumente formuliert werden, die davon ausgehen, daß zuwenig Kontinuität und Stabilität und zuviel Veränderung sich ungünstig auswirken: die Kinder werden über Gebühr belastet, leben im Dauerstreß und sind nicht mehr in der Lage, sich angemessen mit den ständigen Variationen und »Neuerungen« in ihrer familialen und außerfamilialen Umwelt auseinanderzusetzen.

Festhalten läßt sich zum einen, daß es sicherlich so etwas wie den »goldenen Mittelweg« gibt: ein Übermaß an Unregelmäßigkeit und Veränderung dürfte wohl genau so wenig entwicklungsförderlich sein wie Unterforderung, also übermäßige Gleichförmigkeit und Monotonie. Wissenschaftlich belegt ist beispielsweise, daß dosierte Diskrepanzen – durch behutsame, kindgemäße, positiv überraschende Anregungen – schon im Kleinkindalter die geistig-verstandesmäßige Entwicklung beschleunigen. Es gibt aber keine Faustregel, sondern es muß von Fall zu Fall entschieden werden, wann Unregelmäßigkeiten und Veränderungen sich eher günstig und wann eher ungünstig auswirken. In kritischen Übergangsphasen, wie erstmaligem Kindergartenbesuch, Einschulung oder Wechsel auf weiterführende Schulen, die selbst Veränderungen mit sich bringen und Umstellung und Neuanpassung erfordern, sind zusätzliche Unregelmäßigkeiten und Diskrepanzen meist fehl am Platz. In stabilen Lebensphasen dagegen, also während der mittleren und späten Kindheit, können Kinder besser mit Veränderungen, die Umorientierungen notwendig machen, umgehen und entsprechende Verarbeitungsstrategien entwickeln.

Festgehalten werden muß zum anderen aber auch, daß die im Vorurteil behauptete soziale Isolation und zwischenmenschliche Reduziertheit von Einzelkindern in ihren Familien auf erfahrungswissenschaftlicher Grundlage nicht nur zurückzuweisen ist, sondern sogar eher durch ihr Gegenteil ersetzt werden kann: Gerade wegen der Unregelmäßigkeiten, die in Ein-Kind-Familien häufiger vorkommen und Veränderungen in innerfamilialer und außerfamilialer Hinsicht mit sich bringen, haben Einzelkinder nicht selten häufiger Gelegenheit, sich auf unterschiedliche Bezugspersonen und neue sozial-zwischenmenschliche Situationen einzustellen.

Warum ist es sinnvoll, zwischen männlichen und weiblichen Einzelkindern zu unterscheiden?

Einige nordamerikanische Forschungsbefunde untermauern, daß männliche Einzelkinder nicht selten bereits im Vorschulalter von ihren Eltern widersprüchlich behandelt werden. Den Vätern ist es oft wichtig, ihre Buben zu »richtigen« (durchsetzungsfähigen, mutigen, ehrgeizigen, leistungsfähigen, kämpferischen) Männern zu erziehen. Sie mögen kein Mädchenspielzeug und typisch weibliche Aktivitäten bei ihren Jungen und orientieren sich stark an der traditionellen männlichen Geschlechtsrolle, was zu Konflikten mit ihren Partnerinnen führen kann, die nachgewiesenermaßen eine deutlich tolerantere Haltung gegenüber den konventionellen geschlechtsspezifischen Zuordnungen einnehmen. Mütter sehen es meist gern, wenn ihre Söhne auch zu Mädchen Kontakt haben und nicht ausschließlich Umgang mit gleichgeschlechtlichen Spielgefährten pflegen.

Wenn es nicht zu einer Abstimmung und Verständigung zwischen den Ehepartnern kommt, die auch dem Kind verständlich gemacht werden kann, und es sich ständig mit nicht nachvollziehbaren Widersprüchen konfrontiert sieht, sind negative Folgen nicht auszuschließen. Zwar kann eingewendet werden, daß ältere Kinder durchaus in der Lage sind, zwischen den unterschiedlichen »erzieherischen« Botschaften ihrer Eltern zu differenzieren und dementsprechend beim Zusammensein mit dem Vater männliches Verhalten an den Tag legen, beim

Zusammensein mit der Mutter »Machogehabe« lieber vermeiden. Dennoch ist eine gewisse Gefährdung jüngerer männlicher Einzelkinder, die nicht imstande sind, die für sie zwiespältige und problematische Situation gefühlsmäßig und vom Verstand her zu begreifen und aufzulösen, nicht ganz von der Hand zu weisen.

Auch wenn diese Ergebnisse aus nordamerikanischen Untersuchungen stammen, lassen sie sich wahrscheinlich auch auf andere Industrieländer übertragen, in denen sich die althergebrachten Geschlechtsrollenstandards im Wandel befinden. Daß emanzipatorische Bewegungen, die sich um eine Gleichberechtigung und Gleichstellung des weiblichen Geschlechts in der Gesellschaft bemühen, stärker von Frauen getragen werden, ist nicht abzustreiten. Diese Tatsache spricht dafür, daß sich viele Mütter, deren Entscheidung für *nur ein* Kind durchaus als emanzipatorische Handlung, die möglicherweise sogar gegen den Partner durchgesetzt wurde, aufgefaßt werden kann, auch in ihrem konkreten Erziehungsverhalten dem männlichen Einzelkind gegenüber weniger stark an traditionellen und konventionellen Geschlechtsrollenstereotypen orientieren. In Abhängigkeit davon, inwieweit die Frauen mit ihrer Haltung eher auf die Zustimmung ihrer Partner oder deren Ablehnung und Abwehr stoßen, sollten sich Diskrepanzen und Meinungsverschiedenheiten unterschiedlichen Ausmaßes ergeben.

Es kann also festgehalten werden, daß eine vorsichtige Verallgemeinerung der amerikanischen Befunde auf europäische und speziell deutsche Verhältnisse zumindest möglich erscheint auf Familien, in denen die Eltern sich in vielen Fragen, die die Erziehung ihres männlichen Einzelkindes betreffen, nicht einig sind, weil sie im Hinblick auf das erwünschte männliche Geschlechtsrollenverhalten unterschiedliche Auffassungen vertreten. Wenn die Eltern eines männlichen Einzelkindes extrem konträre Orientierungen vertreten – beispielsweise dergestalt, daß die Mutter lieber ein Mädchen gehabt hätte und sich bemüht, den Jungen nach ihrem inneren Bilde zu formen, der Vater dagegen sich dafür einsetzt, seinen Sohn zu einem furchtlosen, immer kampfbereiten Helden zu erziehen – resultieren unter Umständen Konflikte, welche die Inanspruchnahme familientherapeutischer Hilfe erforderlich machen.

Das Beispiel macht deutlich, daß es gerade für die Eltern von Einzelkindjungen wichtig ist, sich in den wesentlichen Fragen der Erziehung miteinander ins Vernehmen zu setzen. An die Adresse der Väter gerichtet kann hervorgehoben werden, daß sie ihre Söhne über Gebühr belasten, wenn sie ausschließlich männliches Geschlechtsrollenverhalten bekräftigen und – nach dem Motto: »Der Bub soll sich zusammenreißen, er ist doch keine Heulsuse!« – keine Abweichung in Richtung weicheren, »weiblicheren« Verhaltens dulden.

Was sollten Einzelkindeltern nun letztendlich im Auge behalten?

Festzuhalten ist, daß eine definitive Planung von Einzelkindern nur höchst selten bereits am Beginn der Partnerschaft stattfindet. Einzelkinder sind häufig das Resultat eines in der Regel längeren, oft mehrjährigen Entscheidungsprozesses, an dem die beiden Partner in unterschiedlicher Weise mitwirken und an dem auch gesamtgesellschaftliche Einflüsse beteiligt sind.

Ein-Kind-Familien sind zwischenzeitlich in Deutschland zu der Familienform geworden, die – unter Familien mit Kindern – am häufigsten angetroffen werden kann. Es besteht also i.a. kein rationaler Grund für Einzelkindeltern, dem immer noch zu registrierenden Druck und den Erwartungen der Umwelt, ein weiteres Kind anzuschaffen, nachzugeben.

Auch die Überlegung, sich ein zweites Kind anzuschaffen, damit das Erstgeborene nicht einsam und allein aufwächst oder nicht allzu sehr verzogen wird, ist nicht stichhaltig. Durch entsprechende elterliche Maßnahmen und Aktivitäten lassen sich negative Entwicklungen durchaus vermeiden.

Es sollte schon von früh an dafür gesorgt werden, daß regelmäßig und kontinuierlich Kontakte zu anderen Kindern hergestellt und unterhalten werden.

Beide Eltern sollten im Auge behalten, daß Überbehütung und ein Übermaß an Zuwendung der Selbständigkeitsentwicklung und dem Aufbau von Eigenverantwortlichkeit und Initiative im Wege stehen. Einzelkinder haben keine »Pufferzone« und stehen besonders im Kleinkindalter oftmals zwei übermächtigen Erwachsenen gegenüber.

Die notwendige Abnabelung und Ablösung des einzigen Kindes verläuft über eine Reihe von Schritten in der Regel ohne Komplikationen, wenn beide Eltern es (auch innerlich) schaffen, loszulassen und dem Kind den Freiraum zu gewähren, den es – altersabhängig – braucht.

Es gibt keine Patentrezepte und allgemeingültigen Empfehlungen: jede Familie ist anders, jedes Kind hat seine Eigenarten und jede Situation ihre besonderen Merkmale!

Literatur

Backmund V, Vierzigmann G, Sierwald W, Schneewind, KA (1992) Entscheidung »Kind – Ja oder Nein« und berufliche Orientierung: geschlechtstypische Differenzierungen. In: Brüderl L, Paetzold B (Hrsg) Frauenleben zwischen Beruf und Familie. Juventa, Weinheim

Beck U (1986) Risikogesellschaft. Auf dem Weg in eine andere Moderne. Suhrkamp, Frankfurt/Main

Beck-Gernsheim E (1985) Die Kinderfrage. Frauen zwischen Kinderwunsch und Unabhängigkeit. C.H. Beck, München

Bertram H (Hrsg) (1991) Die Familie in Westdeutschland. Stabilität und Wandel familialer Lebensformen. DJI: Familien-Survey 1. Leske & Budrich, Opladen

Blake J (1989) Family Size and Achievement. University Press, Berkeley/California

Bühler C (1927) Die ersten sozialen Verhaltensweisen des Kindes. In: Bühler C, Hetzer H, Tudor-Hart B (Hrsg) Soziologische und psychologische Studien über das erste Lebensjahr. Gustav Fischer, Jena, S 1-102

Chen K (1985) A preliminary study of the only child. Acta Psychol Sin 17:264-270

Claudy JG (1984) The only child as a young adult: Results from project talent. In: Falbo T (ed) The single-child family. Guilford Press, New York London

Cowan CP, Cowan PA (1992) When partners become parents. The big life change for couples. Harper, New York

Daniels D, Dunn J, Furstenberg FF, Plomin R (1985) Environmental differences within the family and adjustment differences within pairs of adolescent siblings. Child Dev 56:764-774

Ernst C, Angst J (1983) Birth order. Springer, New York

Falbo T (1984) Only children: A review. In: Falbo T (ed) The single-child family. Guilford Press, New York London

Feiring C, Lewis M (1984) Only and first-born children: Differences in social behavior and development. In: Falbo T (ed) The single-child family. Guilford Press, New York London

Groat HT, Wicks JW, Neal AG (1984) Without siblings: The consequences in adult life of having been an only child. In: Falbo T (ed) The single-child family. Guilford Press, New York London

Höpflinger F (1987) Wandel der Familienbildung in Westeuropa. Campus, Frankfurt/Main New York

Hogan RA, Kirchner J Hogan KA, Fox AN (1980) The only child factor in homosexual development. Psychol Q 17:23-37

Kasten H (1994) Geschwister. Springer, Berlin Heidelberg New York

Katz PA, Boswell SL (1984) Sex-role development and the one-child family. In: Falbo T (ed) The single-child family. Guilford Press, New York London

Poston DL, Falbo T (1990) Academic performance and personality traits of Chinese children: »Onlies« versus others. Am J Soc 96:433-451

Rollin M (1990) Typisch Einzelkind. Das Ende eines Vorurteils. Hoffmann und Campe, Hamburg

Schachter S (195) The psychology of affiliation. Stanford University Press, Stanford/California

Schneewind KA (1991) Die Familie als Kontext individueller Entwicklung. In: Engfer A, Minsel B, Walper S (Hrsg) Zeit für Kinder! Kinder in Familie und Gesellschaft. Beltz, Weinheim, S 160-178

Spitz R (1969) Vom Säugling zum Kleinkind. Klett, Stuttgart

Statistisches Bundesamt Wiesbaden (Hrsg) (1992) Statistisches Jahrbuch 1991. Metzler Poeschel, Wiesbaden

Urdze A, Rerrich MS (1981) Frauenalltag und Kinderwunsch. Motive von Müttern für oder gegen ein zweites Kind. Campus, Frankfurt/Main New York

Van den Berg BJ, Oechsli FW (1980) Studies on the one-child family. Abschlußbericht, NICHD-Projekt NO1-HD-82851. Washington D.C.

Vaskovics LA, Buba H, Rost H, Schneider NF (1991) Kinderwunsch junger Ehepaare. Forschungsforum. Berichte aus der Otto-Friedrich-Universität Bamberg, 3:43-51

Vaskovics LA, Garhammer M, Schneider NF, Kabat vel Job O (1994) Familien- und Haushaltsstrukturen in der ehemaligen DDR und in der Bundesrepublik Deutschland von 1980 bis 1989 – ein Vergleich. Sonderheft 24. Bundesinstitut für Bevölkerungsforschung, Wiesbaden

Zajonic RB, Markus GB (1975) Birth order and intellectual development. Psychol Rev 82:74-88

Sachverzeichnis

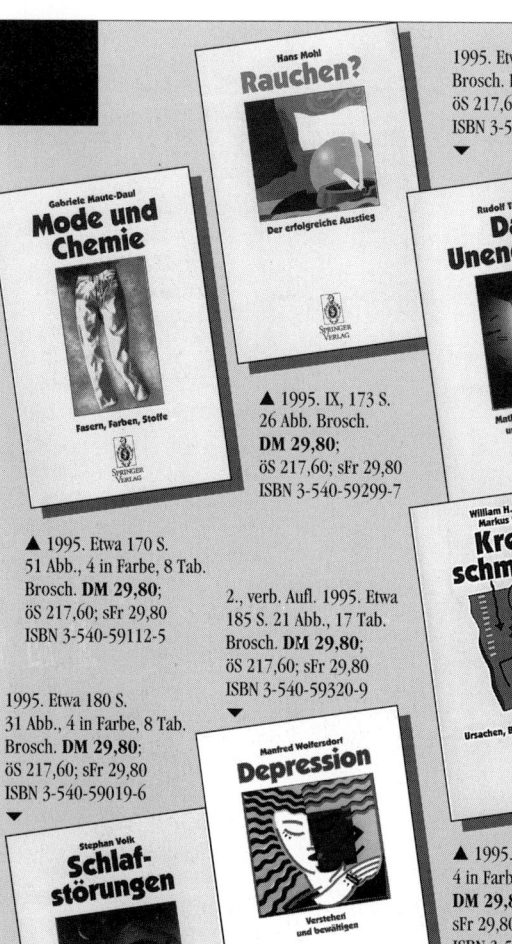

Jürgen Wagner

Kinderfreund-schaften

Wie sie entstehen. Was sie bedeuten.

Hartmut Kasten

Geschwister

Vorbilder, Rivalen, Vertraute

Lutz Krüger

Wetter und Klima

Beobachten und verstehen

1994. VII, 211 S. 65 Abb.,
22 in Farbe. Brosch.
DM 29,80; öS 232,50; sFr 29,80
ISBN 3-540-57895-1 ▼

▲ 1994. IX, 182 S.
13 Abb., 12 in Farbe
Brosch. **DM 29,80;**
öS 232,50; sFr 29,80
ISBN 3-540-57894-3

▲ 1994. XI, 223 S.
21 Abb. Brosch.
DM 29,80;
öS 232,50; sFr 29,80
ISBN 3-540-57603-7

2. Aufl. 1994. IX, 254 S.
19 Abb. Brosch.
DM 34,80; öS 271,50;
sFr 34,80
ISBN 3-540-57786-6 ▼

1994. IX, 238 S. 48 Abb.,
19 in Farbe. Brosch.
DM 29,80; öS 232,50;
sFr 29,80
ISBN 3-540-57602-9 ▼

Wolfgang Rost
Angelika Schulz

Rivalität

Über Konkurrenz,
Neid und Eifersucht

David Ruelle

Zufall und Chaos

Richard Rost

Sport und Gesundheit

Gesund durch Sport.
Gesund trotz Sport.

▲ 1994. XI, 209 S.
43 Abb., 1 Tab.
Brosch. **DM 29,80;** öS 232,50;
sFr 29,80 ISBN 3-540-57040-3

Springer

Tm.BA94.11.8

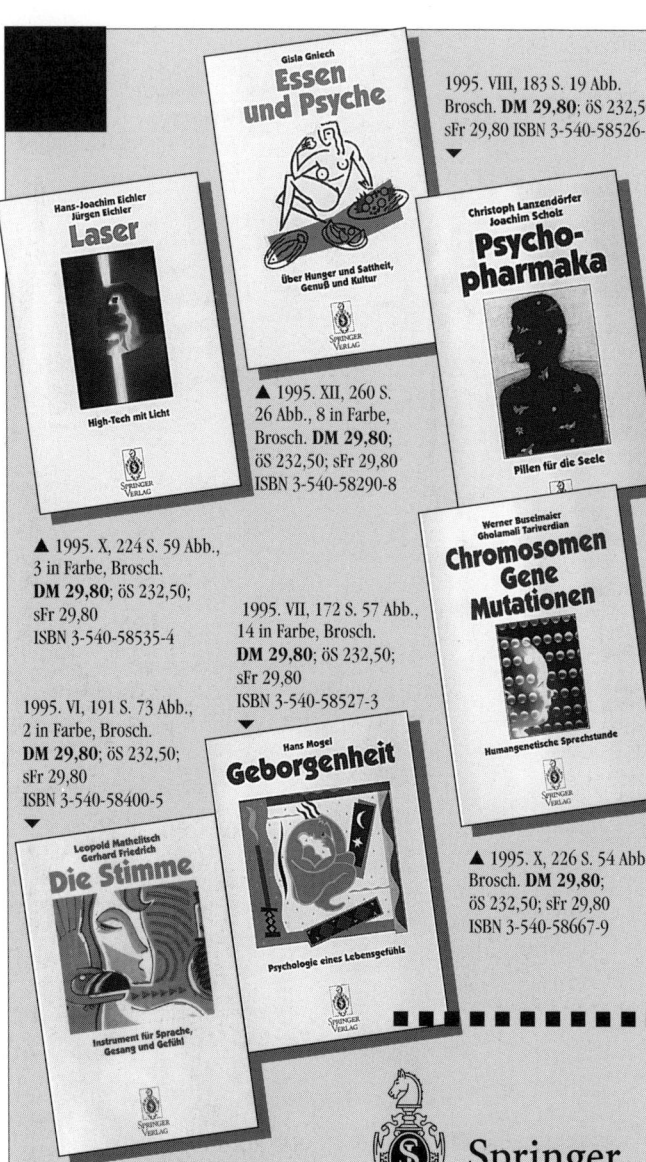